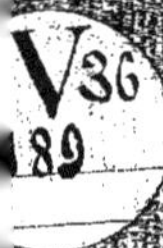

AF296346

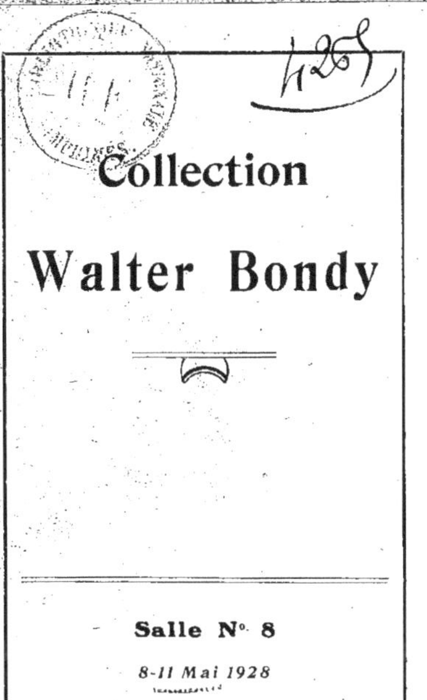
Collection

Walter Bondy

Salle N° 8

8-11 Mai 1928

Céramique Chinoise

HAN - TANG - SONG - YUEN - MING - KANGHI - KIENLONG

COLLECTION DE STATUETTES EN BRONZE DORÉ
WEI — TANG — MING

Sculptures en Pierre et en Bronze
Art Cham - Art Khmer

PARAVENT JAPONAIS - ESTAMPES CHINOISES

Arts Précolombiens

POTERIES ⋅ PIERRES SCULPTÉES ⋅ BOIS ET ÉTOFFES
DE
L'AMÉRIQUE DU NORD, MEXIQUE, COSTA-RICA ET PÉROU

ARTS OCEANIENS
PIERRES ET BOIS SCULPTÉS

Statuettes, Fétiches et Masques

NOUVELLE-GUINÉE, NOUVEAU MECKLEMBOURG, NOUVELLE POMÉRANIE,
NOUVELLE-CALÉDONIE, ILES MARQUISES, NOUVELLE-ZÉLANDE, ILE DE PAQUES, etc.

Arts Africains
SCULPTURES EN BOIS ET EN IVOIRE
ETC.

DONT LA VENTE AUX ENCHÈRES PUBLIQUES AURA LIEU

HOTEL DROUOT, Salle n° 8

Les Mercredi 9, Jeudi 10 et Vendredi 11 Mai 1928, à deux heures

Mᵉ F. LAIR DUBREUIL	M. ANDRÉ PORTIER
COMMISSAIRE-PRISEUR	EXPERT PRÈS LE TRIBUNAL CIVIL DE LA SEINE
6, rue Favart, 6	24, rue Chauchat (*Provence 86-84*)

EXPOSITION PARTICULIÈRE : *Chez M.* **André PORTIER, 24, rue Chauchat,** *du Lundi 30 Avril au Vendredi 4 Mai 1928.*

EXPOSITION PUBLIQUE : HOTEL DROUOT, Salle n° 8, *le Mardi 8 Mai 1928, de 2 h. à 6 h.*

Elle sera faite au comptant.

Les acquéreurs paieront *19 fr. 50 pour cent* en sus des enchères.

L'Expert, dans l'intérêt de la vente, se réserve la faculté de réunir ou de diviser les lots.

L'Expert assistera à l'Exposition et se tiendra à la disposition de MM. les Amateurs qui auraient des renseignements à lui demander ou des ordres d'achat à lui confier.

ORDRE DES VACATIONS

1re Vacation : Mercredi 9 Mai 1928

Nos 1 à No 108

2e Vacation : Jeudi 10 Mai 1928

No 109 à Nos 228

3e Vacation : Vendredi 11 Mai 1928

No 229 à No 358

95.705. — Imprimerie Lahure, 9, rue de Fleurus, à Paris. — 1928.

CHINE

CÉRAMIQUE

1 — Statuette en terre cuite, à traces de polychromie. Elle représente une jeune femme dans un mouvement de danse.

Époque **Wei.**

Haut., 170 millim.

2 — Pot de forme sphérique, en terre cuite, couvert d'un émail jaune et vert à trace d'irisations argentées.

Époque **Han.**

Diam., 150 millim.

3 — Cheval couché, en terre cuite, à traces de peinture rouge. Tête mobile.

Époque **Han.**

Larg., 330 millim.

4 — Ornement de faîtage en grès, émaillé vert malachite à traces d'irisations argentées, décoré d'une stylisation florale.

Époque **Han.**

Haut., 130 millim.

5 — Petit modèle d'oreiller, à forme d'un tigre, en terre cuite couverte d'un émail brun taché de noir.

Époque **Tang.**

Long., 110 millim.

6 — Tasse en terre cuite, partiellement couverte d'un émail vert.

Époque **Tang.**

Diam., 85 millim.

7 — Tasse en terre cuite, de type analogue.

Époque **Tang.**

Diam., 85 millim.

8 — Statuette en terre cuite rouge, couverte d'un émail blanc. Elle représente un homme debout, drapé dans un manteau.

Époque **Tang**.

Haut., 350 millim.

9 — Statuette en terre cuite, à traces de peinture rouge. Elle représente une jeune femme debout.

Époque **Tang**.

Haut., 290 millim.

10 — Statuette en terre cuite grise peinte en blanc. Elle représente un personnage debout, la tête inclinée.

Époque **Tang**.

Haut., 260 millim.

11 — Statuette en terre cuite représentant un personnage nu, accroupi à terre.

Époque **Tang**.

Haut., 90 millim.

12 — Chameau chargé d'un double bât, en terre cuite à traces d'émail argenté et irisé.

Époque **Tang**.

Larg., 260 millim.

13 — Statuette en terre cuite, à traces de polychromie. Elle représente un chamelier, le bras levé.

Époque **Tang**.

Haut., 380 millim.

14 — Statuette en terre cuite couverte d'un émail pelliculaire jaune. Elle représente une jeune femme debout.

Époque **Tang**.

Haut., 180 millim.

15 — Statuette de type analogue.

Époque **Tang**.

Haut., 180 millim.

16 — Cachet en pierre sculptée, représentant deux chimères opposées.

Époque **Tang**.

Larg., 120 millim.

17 — Cheval caparaçonné, piaffant, en terre cuite, à traces de peinture rouge.

Époque **Tang**.

Larg., 400 millim.

18 — Cheval caparaçonné, en terre cuite couverte d'un émail pelliculaire jaune.

Époque **Tang**.

Larg., 320 millim.

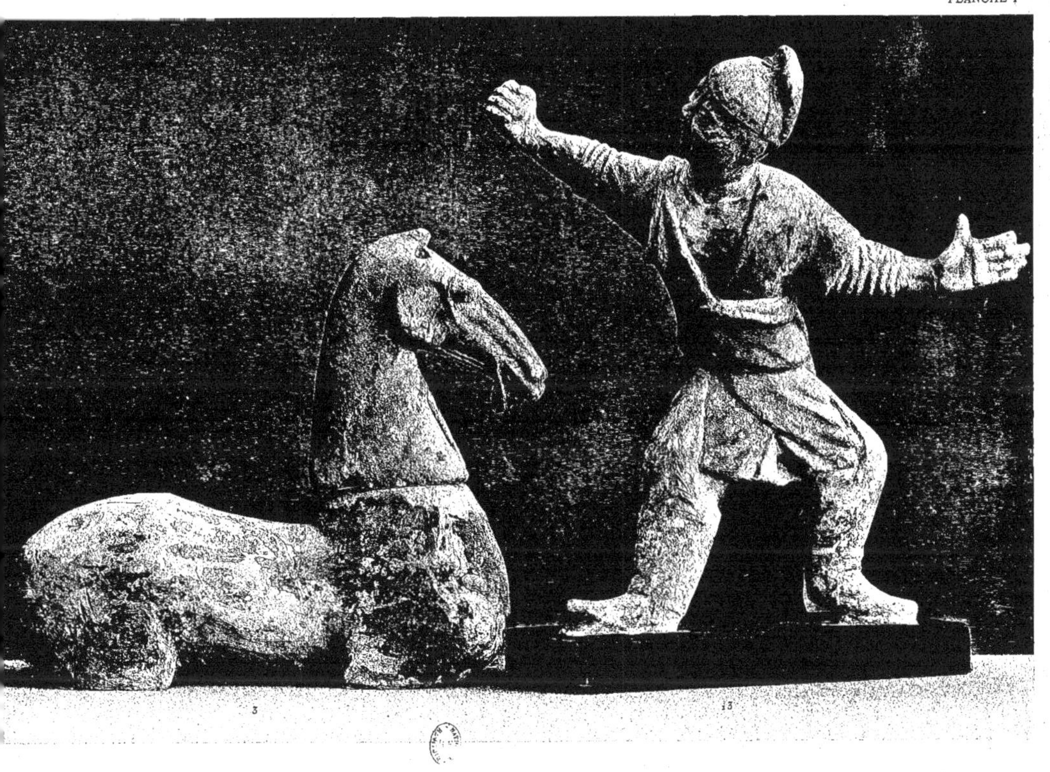
3
13

19 — Bol évasé, en grès émaillé brun-écaille, le centre offrant un anneau réservé sans émail. Chien yao.

Époque Song.

Diam., 190 millim.

20 — Coupe basse, le bord dentelé en grès couvert d'un émail blanc crémeux. Ting yao.

Époque Song.

Diam., 140 millim.

21 — Coupe basse, en grès, gravée sous couverte blanc crémeux, d'une stylisation florale: Ting yao.

Époque Song.

Diam., 160 millim.

22 — Coupe basse, en grès, gravée sous couverte bleu-verdâtre, de poissons et d'algues. Yin Ching yao.

Époque Song.

Diam., 140 millim.

25 — Petite coupe basse, le marli dentelé, en grès couvert d'un émail blanc crémeux craquelé de brun. Ting yao.

Époque Song.

Diam., 100 millim.

24 — Coupe basse, de type analogue. Ting yao.

Époque Song.

Diam., 105 millim.

25 — Coupe basse, en grès, gravée sous couverte bleu-verdâtre, d'un décor floral. Yin Ching yao.

Époque Song.

Diam., 130 millim.

26 — Coupe basse, le marli dentelé, en grès couvert d'un émail blanc crémeux. Ting yao.

Époque Song.

Diam., 130 millim.

27 — Bol évasé, en grès couvert d'un émail blanc crémeux craquelé de brun mauve. Ting yao.

Époque Song.

Diam., 190 millim.

28 — Bol évasé, en grès, gravé sous couverte bleu-verdâtre, d'un décor de poissons et de vagues. Yin Ching yao.

Époque Song.

Diam., 170 millim.

29 — Bol évasé, en grès, gravé sous couverte bleu-verdâtre, d'un décor de poissons et de
vagues. Yin Ching yao.

  Époque Song.

                Diam., 180 millim.

30 — Bol évasé, en grès, gravé sous couverte bleu-verdâtre, d'un décor de poissons et de
vagues. Yin Ching yao.

  Époque Song.

                Diam., 170 millim.

31 — Bol très évasé, en grès, gravé sous couverte bleu-verdâtre, d'un décor de poissons
dans les flots. Yin Ching yao.

  Époque Song.

                Diam., 200 millim.

32 — Bol évasé, en grès, gravé sous couverte bleu-verdâtre, d'un décor floral. Ying Ching
yao.

  Époque Song.

                Diam., 160 millim.

33 — Brûle-parfums, tripode, la panse sphérique, l'épaulement supportant deux anses ajou-
rées, en grès couvert d'un émail brun-vert.

  Époque Song.

                Haut., 110 millim.

34 — Bol évasé, en grès, couvert d'un émail blanc-crémeux, partiellement craquelé de brun.
Ting yao.

  Époque Song.

                Diam., 160 millim.

35 — Théière sphérique, la panse ornée de pétales de lotus en léger relief, couverte d'un
émail blanc crémeux. Ting yao.

  Époque Song.

                Diam., 80 millim.

36 — Bol évasé, en grès, décoré en léger relief, d'un décor floral stylisé et couvert d'un émail
bleu-vert. Ying Ching yao.

  Époque Song.

                Diam., 140 millim.

37 — Oreiller en grès, couvert d'un émail blanc-crémeux, décoré au pinceau, en brun, d'une
stylisation florale. Tzu Chou yao.

  Époque Song.

                Larg., 130 millim.

38/55 — Suite de dix-huit bols en grès brun, couvert d'un émail fauve, moucheté de brun
clair ou offrant le décor dit « poil de lièvre ». Temmoku Chien yao. (*Seront divisés.*)

  Époque Song.

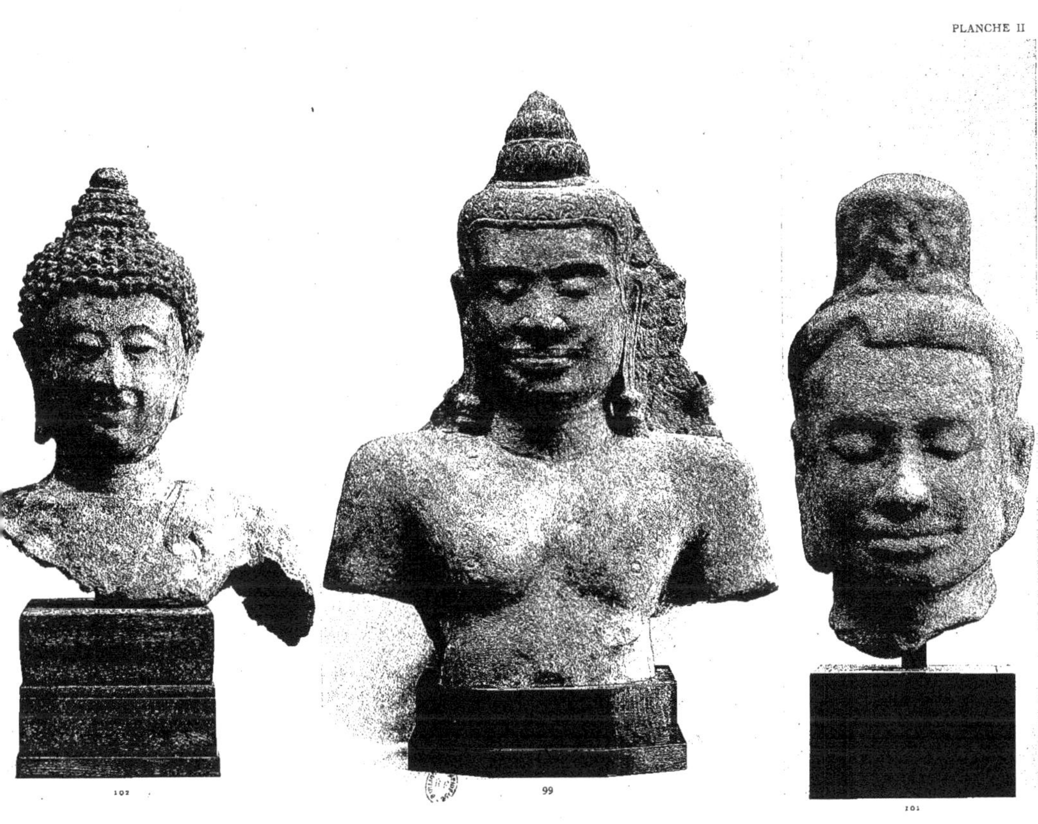

102

99

101

56 — Vase annelé et couvert, le col orné de cinq anses-tubulure, en grès gravé sous couverte céladon, d'une stylisation florale.

Époque **Song**.

Haut., 290 millim.

57 — Vase couvert ovoïde, le col annelé orné de cinq anses-tubulure, en grès gravé sous couverte céladon, d'un décor de poissons et de vagues.

Époque **Song**.

Haut., 210 millim.

58 — Vase couvert, à panse sphérique, surmonté d'un col cylindrique évasé au sommet. Il est couvert d'un émail céladon craquelé, sous lequel apparaît, en gravure, une stylisation florale.

Époque **Song**.

Haut., 270 millim.

59 — Bol couvert, en grès gravé d'un décor stylisé de lotus, couvert d'un émail blanc crémeux. Ting yao.

Époque **Song**.

Haut., 130 millim.

60 — Bol évasé, en grès couvert d'un émail bleu clair de lune. Chun yao.

Époque **Yuen**.

Diam., 190 millim.

61 — Coupe plate, en grès couvert d'un émail bleu clair de lune. Chun yao.

Époque **Yuen**.

Diam., 180 millim.

62 — Bol évasé, en grès couvert d'un émail bleu clair de lune. Chun yao.

Époque **Yuen**.

Diam., 190 millim.

63 — Petite coupe présentoir à marli dentelé, en grès couvert d'un émail bleu clair de lune. Chun yao.

Époque **Yuen**.

Diam., 90 millim.

64 — Pot couvert, piriforme, sur piédouche, en grès couvert d'un émail bleu clair de lune. Chun yao.

Époque **Yuen**.

Haut., 100 millim.

65 — Vase à eau, de forme sphérique, orné en relief, d'un dragon-salamandre et couvert d'un émail bleu clair de lune, taché de pourpre. Chun yao.

Époque **Yuen**.

Haut., 110 millim.

66 — Bol évasé, en grès couvert d'un émail bleu clair de lune. Chun yao.

Époque **Yuen**.

Diam., 100 millim.

67 — Grande coupe basse, en biscuit gravé sous couverte blanc crémeux, d'une stylisation de lotus.

Époque **Ming**.

Diam., 290 millim.

68 — Vase de forme cylindrique, légèrement évasé, en grès couvert d'un émail blanc crémeux craquelé de brun. Il est orné à l'épaulement, de deux anses en tête de chimère.

Époque **Ming**.

Haut., 400 millim.

69 — Oreiller rectangulaire en grès, couvert d'un émail blanc crémeux, décoré au pinceau en brun, d'une chimère et de panneaux de fleurs.

Époque **Ming**.

Larg., 310 millim.

70 — Bol évasé, côtelé et dentelé, en grès, gravé sous couverte céladon, d'un décor d'oiseaux et de fleurs.

Époque **Ming**.

Diam., 160 millim.

71 — Bol hémisphérique, en grès, gravé sous couverte céladon craquelé, d'une stylisation florale.

Époque **Ming**.

Diam., 170 millim.

72 — Coupe basse et dentelée, en grès, gravée sous couverte céladonnée, d'un décor de lotus stylisés.

Époque **Ming**.

Diam., 160 millim.

73 — Vase sphérique, sur piédouche, en grès couvert d'un émail blanc crémeux.

Époque **Ming**.

Haut., 160 millim.

74 — Bouteille, la panse basse et évasée, en grès émaillé brun recouvert d'une épaisse couche d'émail noir.

Époque **Ming**.

Haut., 110 millim.

75 — Vase représentant un bronze antique, en forme d'une bouteille à panse sphérique reposant sur un socle ajouré, en grès couvert d'un émail noir.

Époque **Ming**.

Haut., 180 millim.

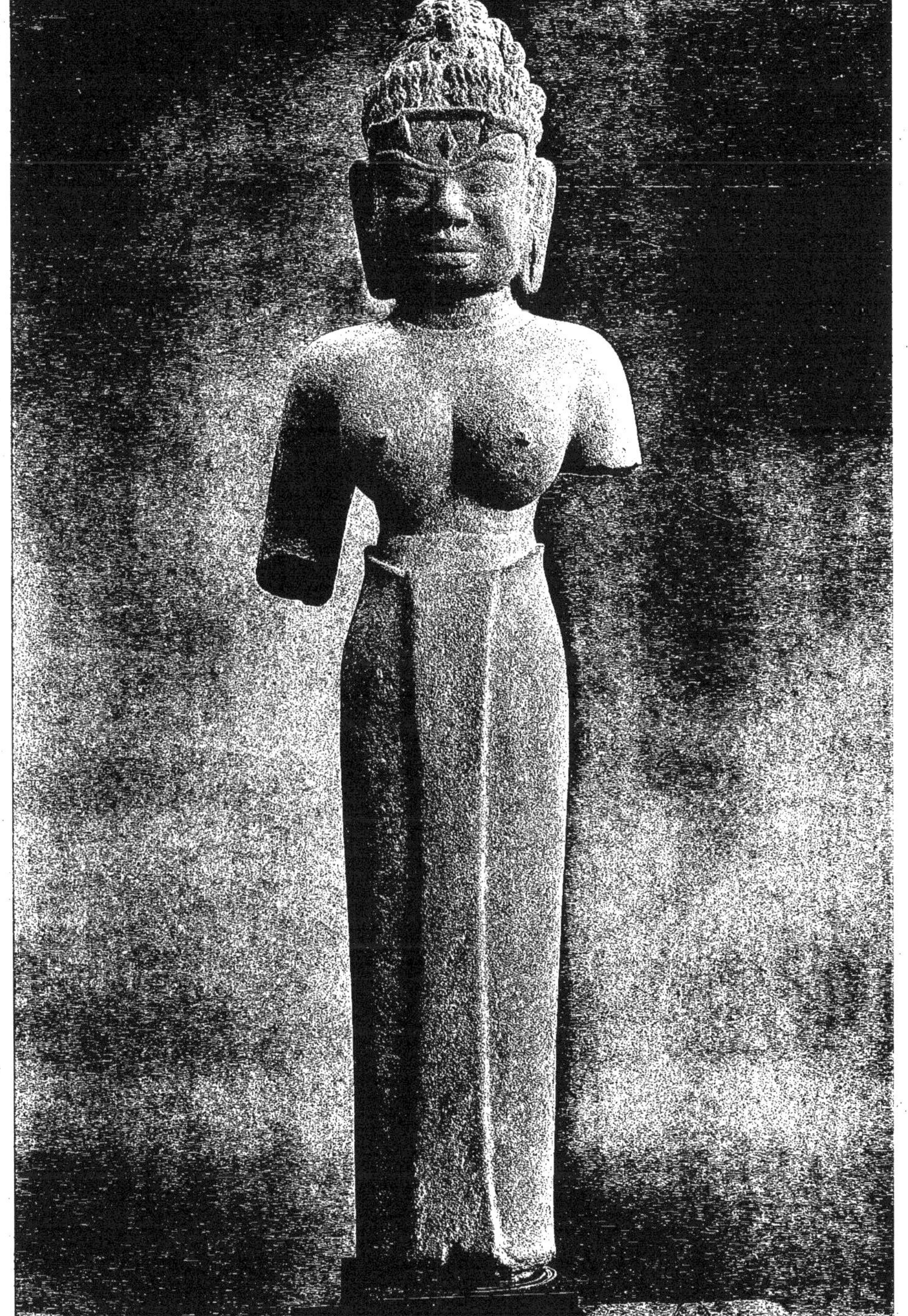

76 — Brûle-parfums tripode et sphérique, le col orné de deux anses en S, en biscuit-terre décoré au pinceau, en brun, sous couverte turquoise, d'une stylisation florale.

Époque **Ming.**

Diam., 200 millim.

77 — Bouteille de type analogue.

Époque **Ming**

Haut., 170 millim.

78 — Bouteille sphérique surmontée d'un long col cylindrique, flanqué de deux anses tubulure, en grès couvert d'un émail céladon.

Époque **Ming.**

Haut., 170 millim.

79 — Bol évasé, en grès couvert d'un émail céladon-brun, partiellement craquelé.

Époque **Ming.**

Diam., 150 millim.

80 — Bouteillle, la panse sphérique surmontée d'un col cylindrique, évasé au sommet, en grès couvert d'un émail brun-noir.

Époque **Ming.**

Haut., 170 millim.

81 — Pot à huit pans, en grès couvert d'un émail brun, décoré au pinceau, en blanc et noir, d'un bouquet de fleurs.

Époque **Ming.**

Haut., 120 millim.

82 — Grand bol hémisphérique en grès, décoré en relief, d'ornements floraux, couvert d'un émail blanc crémeux craquelé brun.

Époque **Ming.**

Diam., 210 millim.

83 — Suite de cinq petites statuettes en terre cuite, peinte en blanc, à traces de polychromie. Elles représentent deux des Pa'shien accompagnés de trois serviteurs.

Époque **Ming.**

Haut., 110 millim.

84 — Vase cornet à quatre pans, en biscuit à fond blanc, décoré en émaux polychromes de la famille verte, des fleurs des quatre saisons.

Marque **Kanghi.**

Haut., 500 millim.

85 — Coupe plate et lobée, le marli dentelé, en porcelaine blanche, décorée en émaux polychromes de la famille verte, d'animaux et de motifs floraux.

Époque **Kanghi.**

Diam., 240 millim.

86 — Bouteille, la panse sphérique surmontée d'un long col cylindrique, en porcelaine émaillée noir-miroir.

Époque **Kanghi.**

Haut., 400 millim.

87 — Bol évasé, en porcelaine émaillée peau de pêche.

Époque **Yung-Ching.**

Diam., 150 millim.

88 — Deux vases ovoïdes, en porcelaine blanche décorée en émaux polychromes, d'un motif de nuages.

Époque **Kienlong.**

Haut., 90 millim.

89 — Deux porte-pinceaux formant pendants, en porcelaine émaillée vert aubergine et jaune : ils représentent des troncs de pins.

Époque **Kienlong.**

Haut., 120 millim.

90 — Coupe basse, en porcelaine blanche de la Compagnie des Indes, décorée en émaux polychromes de la famille rose, de jeunes femmes et d'enfants dans un parc.

Époque **Kienlong.**

Diam., 200 millim.

91 — Boîte à thé couverte, à six faces, en grès couvert d'un émail brun, décorée en léger relief, de bouquets de fleurs sur un fond de grecques. Boccaro.

Époque **Kienlong.**

Haut., 220 millim.

92 — Bol évasé, en porcelaine émaillée foie de mulet.

Cachet : **Kienlong.**

Diam., 190 millim.

93 — Brûle-parfums en grès émaillé brun, représentant un canard posé sur une feuille de lotus, se délectant d'une grenouille. XVIIIe siècle.

Haut.. 380 millim.

94 — Pot sphérique, l'épaulement orné de deux anses en tête de chimère, en porcelaine émaillée céladon, partiellement recouvert de coulées rouge sang de bœuf. XVIIIe siècle.

Haut., 110 millim.

95 — Pot de forme sphérique, en porcelaine émaillée rouge sang de bœuf. XVIIIe siècle.

Diam., 120 millim.

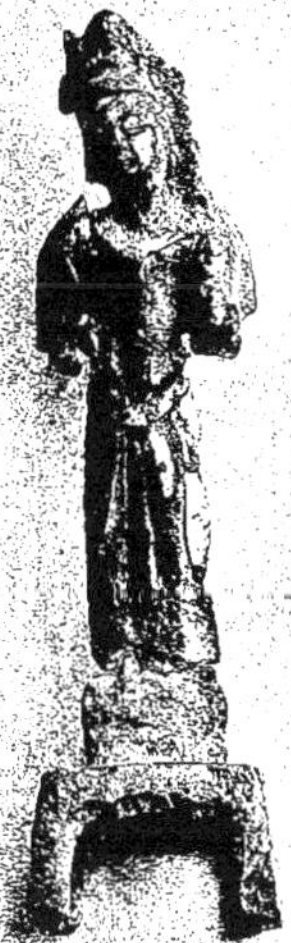

116
122 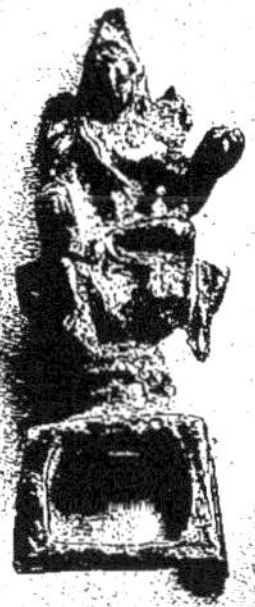
123 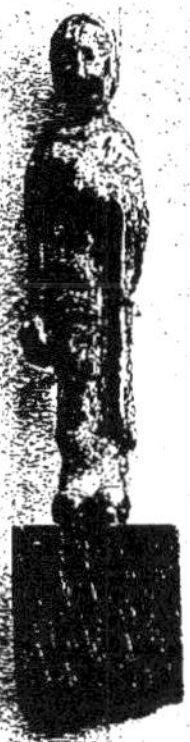
130 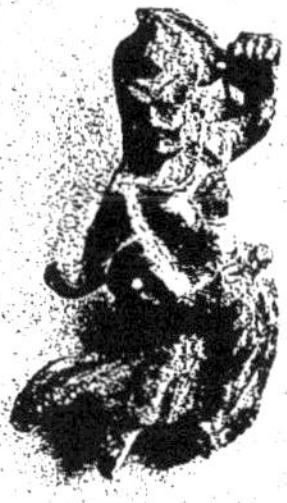
112 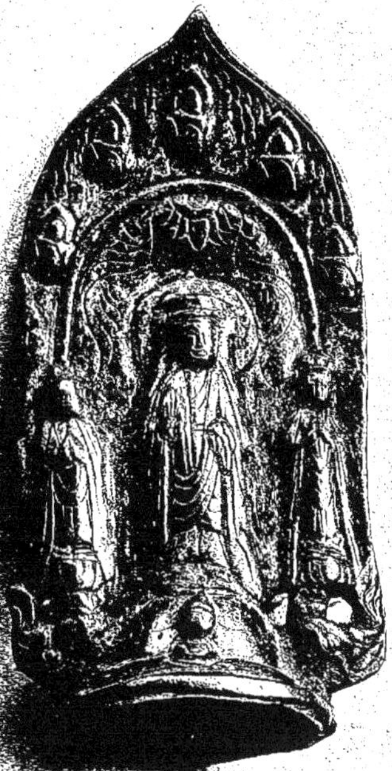 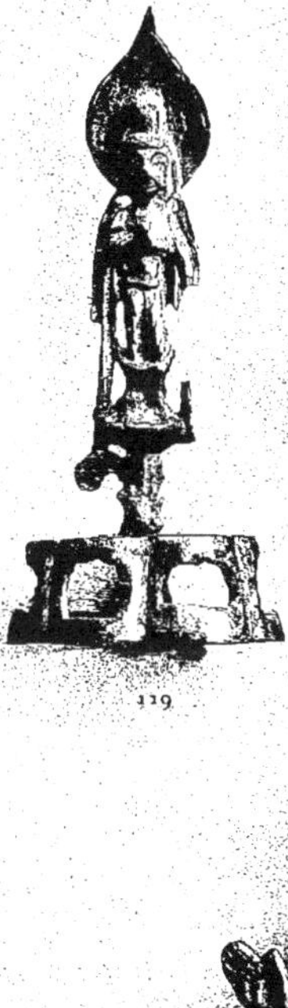
115
119
135 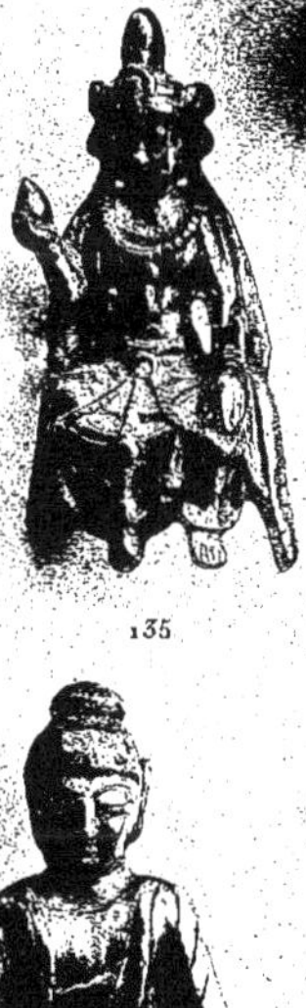
139
118

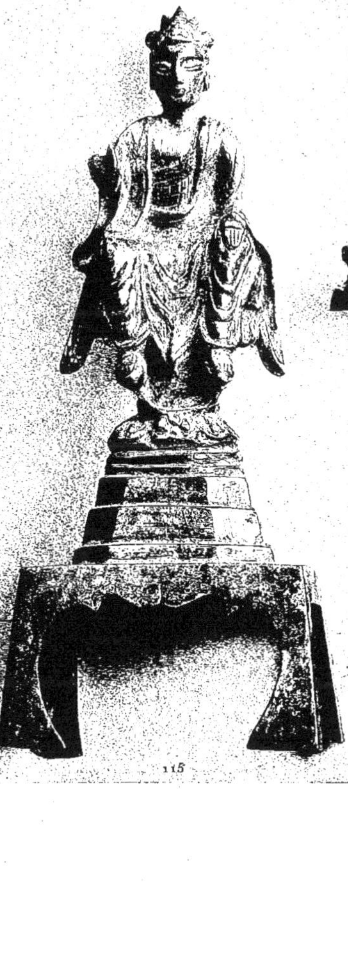

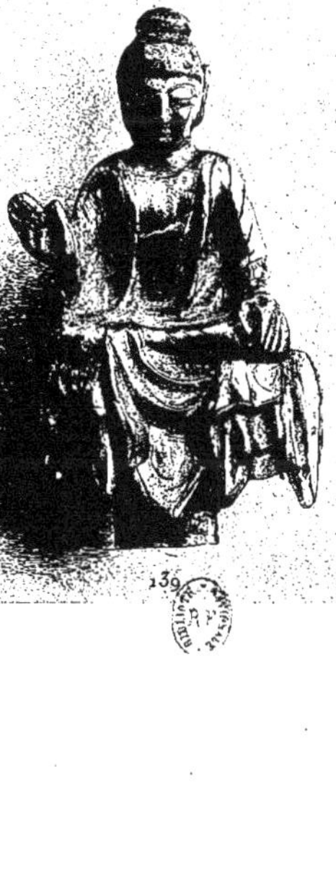

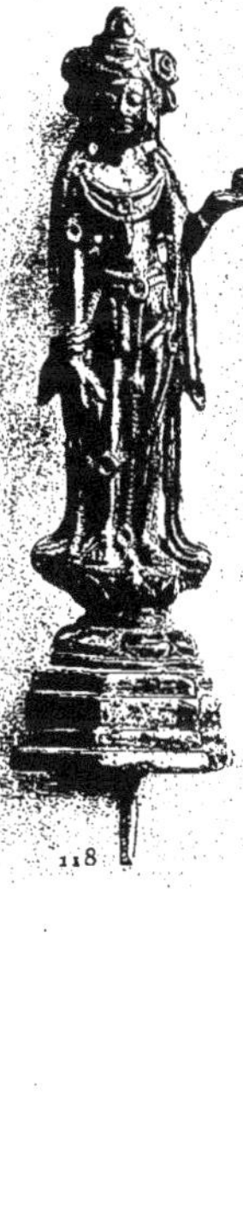

96 — Bouteille de nargbilé, sphérique et côtelée, surmontée d'un col cylindrique évasé au sommet, en porcelaine émaillée céladon. XVIIIᵉ siècle.

Haut., 220 millim.

97 — Coupe basse, en porcelaine blanche, décorée en émaux bleu, rouge et or, de stylisations florales. Japon. Fours de Arita en Hizen. Type dit Imari-yaki. XVIIIᵉ siècle.
Porte la marque du musée de Leyde au revers.

Diam., 290 millim.

SCULPTURES

98 — Statue, en grès rosé, représentant Uma debout, le buste nu, une draperie maintenue aux hanches. C'est à cette divinité, sous le nom de Po Nagar, qu'est dédié le temple de Nhatrang.
Art Cham. VIᵉ siècle.

Haut., 670 millim.

99 — Important buste de bouddha, en pierre sculptée.
Art Khmer.

Haut., 580 millim.

100 — Statue, en pierre sculptée, représentant le bouddha portant deux paires de bras, assis devant une auréole.
Art Khmer.

Haut., 420 millim.

100 *bis* — Tête en marbre, représentant l'un des Lohan.
Chine. Époque Song.

Haut., 220 millim.

101 — Tête de bouddha, en pierre sculptée : elle porte un haut chignon orné d'une petite figure de bouddha.
Art siamois : Lopburi.

Haut., 400 millim.

102 — Buste de bouddha, en bronze de patine brune.
Art siamois : Sukothaï.

Haut., 340 millim.

103 — Tête de divinité, en bronze de patine rouge, taché de vert.
Art siamois : Sukothaï.

Haut., 170 millim.

104 — Tête de divinité, en bronze de patine verte.
Art siamois : début de l'époque Ayuthia.

Haut., 120 millim.

105 — Fragment de buste de bouddha, en bronze de patine verte.
Art siamois : début de l'époque Ayuthia.

Haut., 90 millim.

106 — Masque de divinité, en ardoise sculptée.
Art siamois : Ayuthia (XVIe siècle).

Haut., 200 millim.

107 — Tête de divinité, en bronze de patine verte et rouge.
Art siamois : Ayuthia.

Haut., 90 millim.

108 — Statuette, en bronze de patine claire, représentant le Bouddha debout, faisant le
geste de l'argumentation.
Art siamois : Ayuthia.

Haut., 210 millim.

109/168 — Importante suite de soixante petites statuettes, en bronze doré, représentant des
divinités debout ou assises, quelques-unes devant des auréoles. Chine. (*Seront divisées.*)

Époques **Wei et Tang.**

169 — Important masque de Gigaku (danses ayant précédé les No), en bois sculpté et laqué.
Art japonais : début du XVIIe siècle.

Haut., 380 millim.

170 — Statuette de divinité, en bois sculpté.
Art japonais. XVIIe siècle.

Haut., 360 millim.

171 — Statuette, en bois sculpté, partiellement laquée, représentant un personnage debout
Art japonais. XVIIe siècle.

Haut., 250 millim.

172 — Statuette, en bois sculpté, à traces de peinture verte et rouge, représentant un prêtre
debout.
Art japonais. XVIIe siècle.

Haut., 220 millim.

173 — Groupe, en bois sculpté, laqué et polychromé, représentant un enfant debout, tenant
un chien.
Art japonais : début du XVIIIe siècle.

Haut., 80 millim.

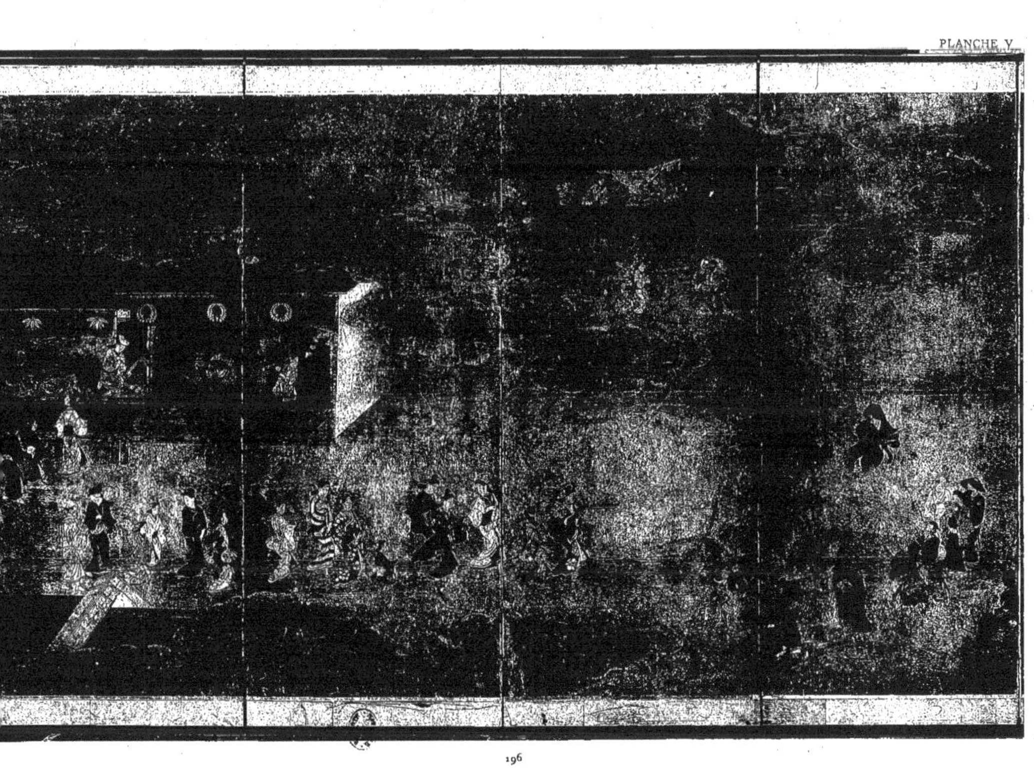

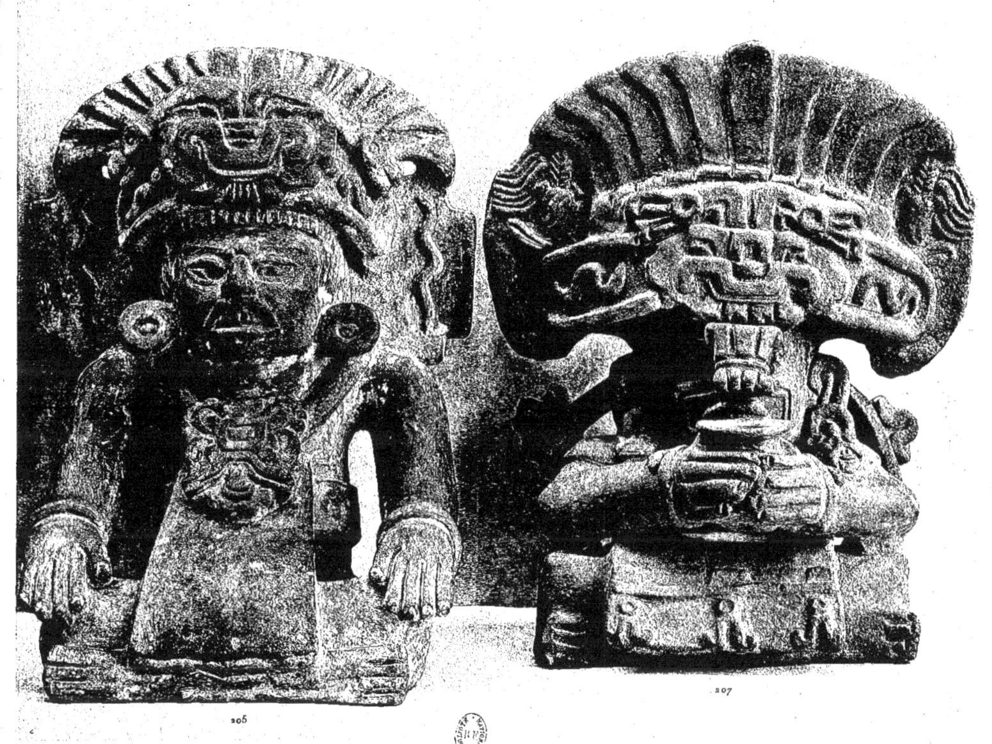

205
207

174 — Statuette (netsuke), en bois sculpté et laqué, à traces de peinture rouge, représentant Daruma debout, drapé dans son manteau.

Signée : **Shuzan.**

Haut., 100 millim.

175 — Boucle de ceinture, en bronze de patine claire, représentant un tigre couché.

Époque **Song.**

Long.. 40 millim.

176 — Coupe, en cuivre niellé d'argent, décorée de caractères en relief sur un fond de fleurs stylisées.

Art persan. XVI⁰ siècle.

Diam.. 200 millim.

PIERRES DURES

177 — Groupe, en jade céladonné, représentant un phénix posé, tenant dans le bec une branche de pivoines.

Époque **Ming.**

Haut., 250 millim.

178 — Ornement, en jade céladonné, sculpté de deux chimères accroupies, jouant avec une tige fleurie. XVII⁰ siècle.

Larg., 70 millim.

178 *bis* — Coupe en jade céladonné tacheté de vert-bleu, représentant une feuille enroulée, décorée de tiges fleuries. A l'intérieur, un poisson sculpté en haut relief.

Époque **Kienlong.**

Long., 150 millim.

179 — Ornement, en forme d'un rocher, en jade blanc, sculpté de cours d'eau, de barques et de collines.

Époque **Kienlong.**

Long., 110 millim.

179 *bis* — Vase en jade blanc céladonné, représentant un tronc d'arbre, décoré en relief ajouré, de lianes et de champignons de longévité.

Époque **Kienlong.**

Haut., 140 millim.

4

180 — Coupe plate en jade vert pi yu, sculptée d'un lotus stylisé.

Époque **Kienlong**.

Diam., 223 millim.

180 *bis* — Coupe, en cornaline, finement évidée, en forme d'une feuille de lotus, gravée de fleurs : la tige forme anse détachée. XVIIIe siècle.

Larg., 80 millim.

181 — Groupe, en lardite polychromée, représentant l'Empereur chinois Kwanyu, assis; à ses côtés, serviteur portant une hallebarde. XVIIIe siècle.

Haut., 100 millim.

182 — Flacon tabatière, en verre de Pékin, à fond blanc, décoré en relief de verre bleu, de scènes à personnages et de motifs floraux. XVIIIe siècle.

185 — Flacon tabatière, en porcelaine blanche, représentant un écureuil sur un fruit de maïs. XVIIIe siècle.

PEINTURES

184 — Fresque : peinture chinoise sur pierre, à décor de personnages.

Époque **Ming**.

410 millim. ✕ 320 millim.

185 — Fresque : peinture chinoise sur pierre, à décor de personnages.

Époque **Ming**.

250 millim. ✕ 150 millim.

186/195 — Suite de dix estampes chinoises, à décor de fruits et de fleurs. (Provenant de l'ouvrage des « Bambous ».) 1er tirage. (*Seront divisées.*)

196 — Paravent japonais, à huit feuilles, le fond brun et or, représentant de nombreux personnages de la cour se rendant à une scène de théâtre, en plein air. Japon. École de Moronobu.

Chaque feuille : 1 m. 40 ✕ 530 millm.

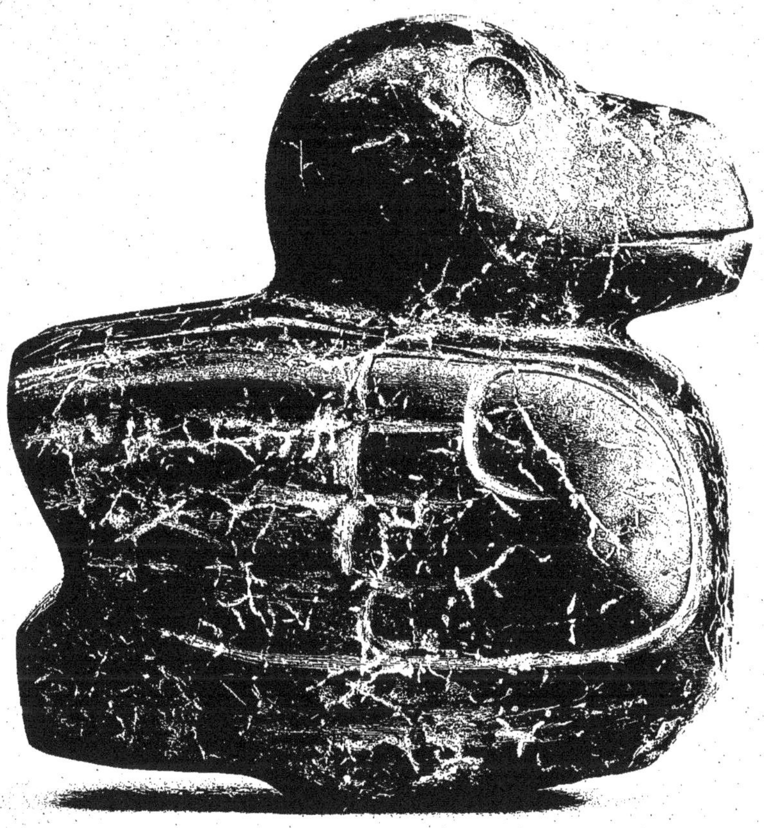

213

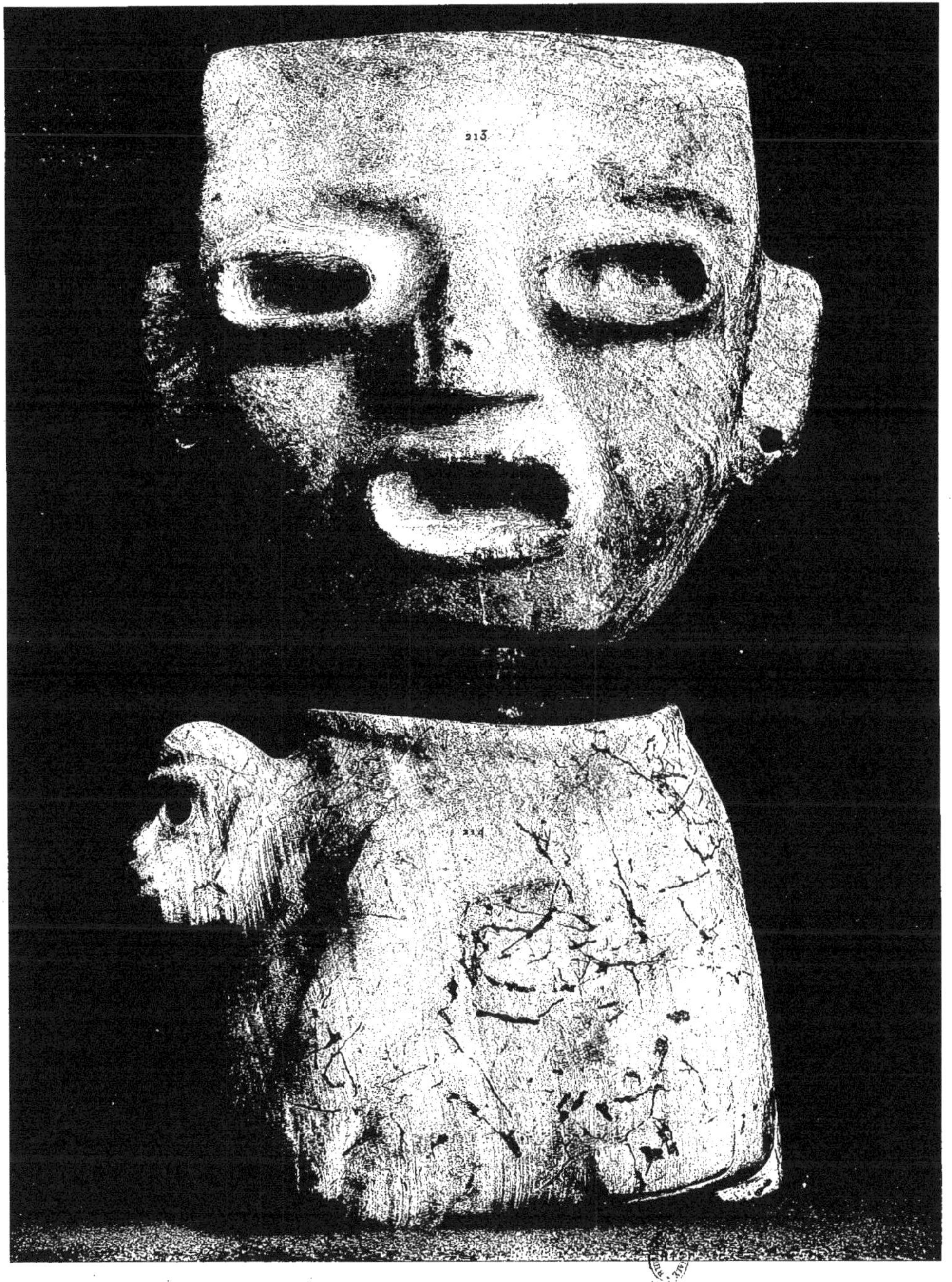

AMÉRIQUE

AMÉRIQUE DU NORD

197 — Boîte, en bois sculpté et polychromé (rouge, noir et ocre) représentant un oiseau. Amérique du Nord.

Long., 360 millim.

198 — Grelot en bois sculpté et polychromé (brun, noir et blanc) représentant une tête d'homme aux paupières baissées. Amérique du Nord.

Haut., 220 millim.

MEXIQUE

199 — Statuette en poterie rouge représentant une femme debout. Précolombien. Mexique.

Haut., 118 millim.

199 *bis* — Petit masque en poterie : face humaine, la bouche ouverte. Précolombien. Mexique.

Haut., 80 millim.

200 — Statuette en poterie représentant un petit personnage assis sur un tabouret à quatre pieds. Précolombien. Mexique.

Haut., 150 millim.

200 *bis* — Petit masque en poterie : homme coiffé d'un bandeau. Précolombien. Mexique.

Haut., 50 millim.

201 — Statuette funéraire en poterie, représentant une femme couchée à terre et maintenue par une double ceinture. Précolombien. Mexique.

Larg., 110 millim.

202 — Statuette funéraire en poterie de type analogue.
  Précolombien. Mexique.

Larg., 100 millim.

202 *bis* — Petit masque d'animal fabuleux, en poterie. Il est orné de larges oreilles et surmonté d'une corne.
  Précolombien. Mexique.

Haut., 90 millim.

203 — Masque en poterie : visage de jeune femme souriante.
  Précolombien. Mexique.

Haut., 150 millim.

203 *bis* — Petite tête en poterie : elle est surmontée d'une coiffure à couvre-nuque.
  Précolombien. Mexique.

Haut., 50 millim.

204 — Statuette funéraire en poterie. Elle représente une déesse protectrice, les mains sur les hanches.
  Précolombien. Mexique.

Haut., 110 millim.

204 *bis* — Tête d'aigle, en poterie.
  Précolombien. Mexique.

Larg., 50 millim.

205 — Vase anthropomorphe, en poterie. Il représente une divinité assise, les jambes croisées, les mains aux genoux, coiffée du diadème.
  Précolombien. Mexique. Art zapotèque.

Haut., 310 millim.

206 — Vase anthropomorphe, en poterie, de type analogue.
  Précolombien. Mexique. Art zapotèque.

Haut., 280 millim.

207 — Vase anthropomorphe, en poterie. Il représente une divinité assise, les jambes croisées. Des deux mains elle tient un vase qu'elle porte à ses lèvres. Elle est coiffée du diadème.
  Précolombien. Mexique. Art zapotèque.

Haut., 310 millim.

207 *bis* — Statuette en poterie. Elle représente un guerrier debout, la tête surmontée d'une haute coiffure.
  Précolombien. Mexique.

Haut., 180 millim.

208 — Statue en pierre sculptée représentant une divinité agenouillée, la Déesse du Maïs les seins nus, les mains aux hanches, coiffée de la tiare rectangulaire.
Précolombien. Mexique.

Haut., 300 millim.

208 *bis* — Statue en pierre sculptée. Elle représente la Déesse de la Pluie, assise, les bras accoudés aux genoux. Elle est coiffée d'une tiare à quatre palmes.
Précolombien. Mexique.

Haut., 330 millim.

209 — Hache, en pierre grise, sculptée d'une tête humaine.
Précolombien. Mexique.

Haut., 200 millim.

210 — Statuette en pierre rose sculptée, représentant un personnage stylisé, assis à terre.
Précolombien. Mexique.

Haut., 150 millim.

211 — Statuette sculptée en néphrite brune, représentant un personnage stylisé, agenouillé, les mains ramenées sous le menton.
Précolombien. Mexique.

Haut., 90 millim.

212 — Petit masque en pierrre dure, grise, mouchetée de vert : face méditative à nez aquilin.

Haut., 50 millim.

213 — Oiseau stylisé, au repos : pierre dure, de couleur noire, mouchetée de blanc.

Précolombien. Mexique.

Haut., 180 millim.

213 *bis* — Statuette-fétiche en pierre dure, vert tacheté de gris. Elle représente une divinité anthropomorphe à grande tête et à haut front.
Précolombien. Mexique.

Haut., 150 millim.

214 — Masque en albâtre : tête d'homme.
Précolombien. Mexique.

Larg., 160 millim.

215 — Vase en albâtre, sculpté en forme d'un singe accroupi.
Précolombien. Mexique.

Larg., 150 millim.

215 *bis* — Masque en pierre dure, verte. Tête d'homme.
Précolombien. Mexique.

Haut., 110 millim.

216 — Statuette en pierre noire sculptée. représentant un petit personnage agenouillé.

Précolombien. Mexique.
Haut., 90 millim.

216 *bis* — Masque d'homme, en obsidienne sculptée. Pendentif.
Mexique.
Haut., 80 millim.

217 — Petit fétiche, en obsidienne, à forme de tête d'oiseau.
Précolombien. Mexique.
Haut., 25 millim.

218 — Pendentif-fétiche taillé dans une opale et sa croûte, donnant plusieurs couleurs : vert, rose et brun taché de beige. Il représente une tête d'aigle.
Précolombien. Mexique.
Long., 4 millim.

219 — Statuette-fétiche sculptée en néphrite gris-vert tacheté. Elle représente une divinité protectrice assise, les mains croisées.
Précolombien. Mexique.
Haut.. 90 millim.

220 — Petit ornement, en néphrite verdâtre. tachée de blanc, en forme d'un masque d'idole.

Précolombien. Mexique.
Long., 30 millim.

221 — Petit fétiche-idole, en néphrite verte, tachée de brun, représentant une divinité à grande tête, accroupie, les mains aux genoux.
Précolombien. Mexique.
Haut., 40 millim.

221 *bis* — Petit ornement pendentif, en néphrite verte tachetée. Il représente un fétiche anthropomorphe à grande tête.
Précolombien. Mexique.
Haut., 30 millim.

221 *ter* — Petit ornement-fétiche de collier, en néphrite verte, à forme de masque humain.
Précolombien. Mexique.
Haut., 20 millim.

222 — Ornement de collier fétiche, en néphrite vert clair, représentant une épaisse plaquette gravée d'une idole.
Précolombien. Mexique.
Long., 30 millim.

223 — Fétiche en néphrite verte, représentant une divinité protectrice, à grande et haute face humaine sur un corps stylisé.
Précolombien. Mexique.
Haut., 45 millim.

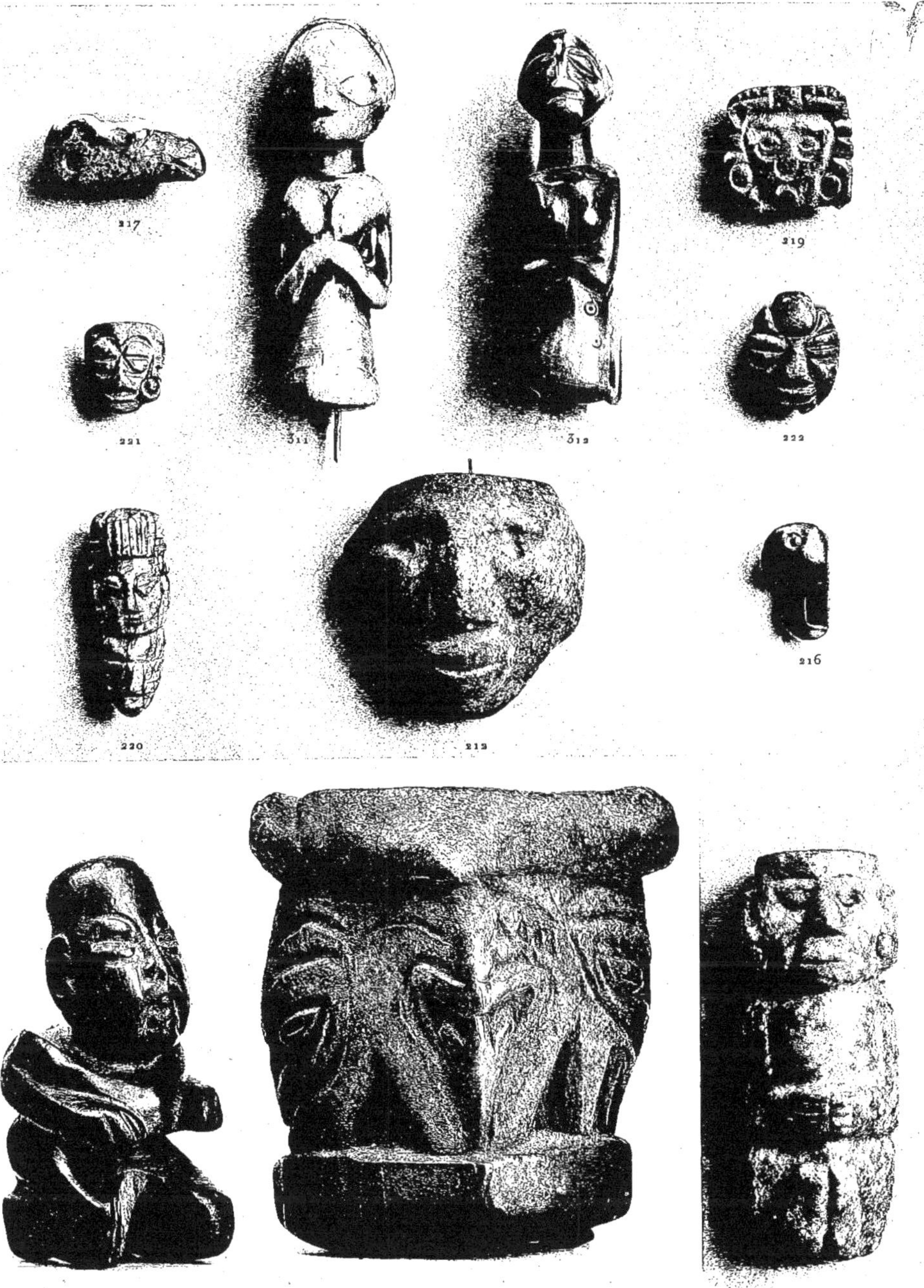

217

221

311

312

319

222

220

213

216

215

280

218

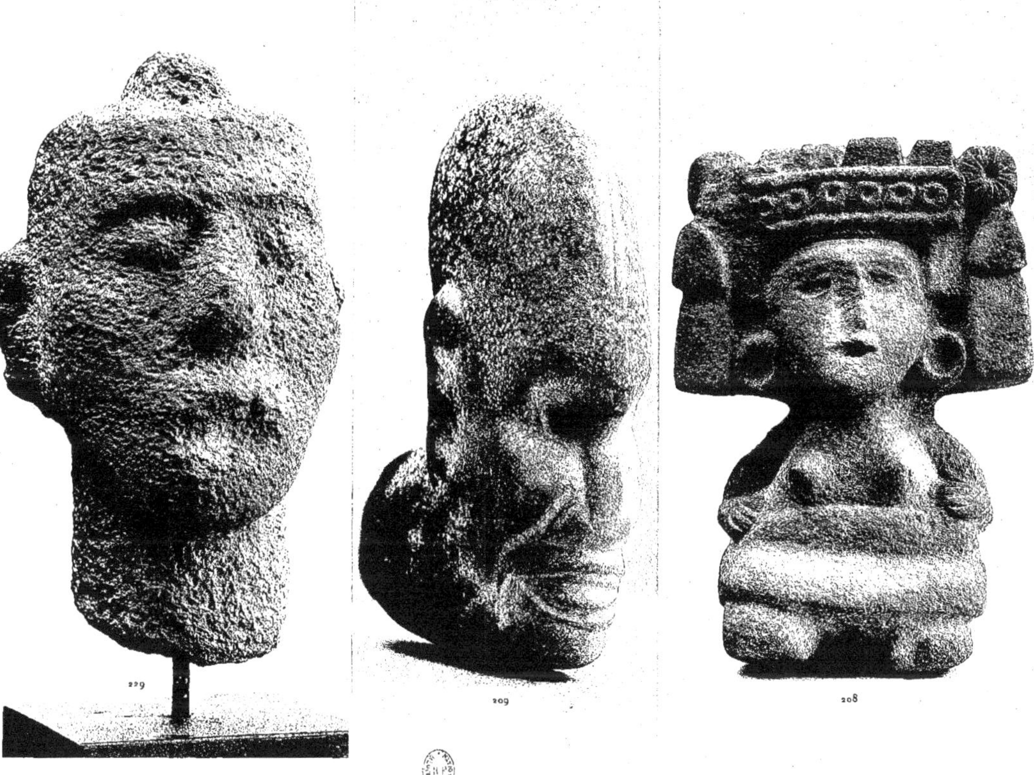

224 — Petit ornement-fétiche de collier, en néphrite verte. Il a la forme d'un oiseau stylisé
à long bec.
Précolombien. Mexique.

Haut., 30 millim.

225 — Petit masque-fétiche, en néphrite verte sculptée.
Précolombien. Mexique.

Haut., 30 millim.

226 — Petit ornement de collier, en néphrite verte, à forme de fruit côtelé.
Précolombien. Mexique.

Diam., 20 millim.

227 — Petit masque-fétiche, en néphrite vert foncé.
Précolombien. Mexique.

Haut., 30 millim.

228 — Pierre de hachette de sacrifice, en néphrite verte.
Précolombien. Mexique.

Larg., 40 millim.

COSTA-RICA

229 — Tête d'homme, en pierre sculptée.
Précolombien. Costa-Rica.

Haut., 240 millim.

230 — Quadrupède couché, en pierre sculptée, représentant un animal sur un socle.
Précolombien. Costa-Rica.

Long., 110 millim.

231 — Coupe cylindrique en poterie rouge, ornée de noir, de brun et de beige. Elle est portée
sur trois pieds en têtes de jaguar.
Précolombien. Costa-Rica.

Larg., 140 millim.

PÉROU

232 — Vase zoomorphe, en poterie beige à décor rouge et brun, surmonté d'une anse creuse
en étrier que termine un col cylindrique. Il représente un jaguar.
Précolombien. Pérou. Pays Chimus. Première période.

Haut., 200 millim.

253 — Vase hémisphérique, en poterie beige ornée de rouge, surmonté d'une anse creuse
ajourée que termine un col cylindrique. Il est orné en haut relief, sur le sommet, d'un
oiseau à bec plat et à crête dentelée.
Précolombien. Pérou. Pays Chimus. Première période.

Haut., 240 millim.

254 — Vase zoomorphe, en poterie rouge ornée de beige, surmonté d'une anse creuse en
étrier que termine un col cylindrique. Il représente un oiseau à long bec crochu.
Précolombien. Pérou. Pays Chimus. Première période.

Haut., 220 millim.

255 — Vase zoomorphe, en poterie noire, surmonté d'un col évasé. Il représente un oiseau
à long bec recourbé.
Précolombien. Pérou. Pays Chimus. Deuxième période.

Larg., 300 millim.

256 — Vase sphérique, en poterie noire, surmonté d'un col cylindrique auquel s'appuie une
anse ajourée. Il est orné en relief sur le haut de la panse, d'un singe, les pattes
étendues.
Précolombien. Pérou. Pays Chimus. Deuxième période.

Haut., 190 millim.

257 — Vase anthropomorphe à double panse, en poterie rouge ornée de blanc, surmonté
d'une anse en étrier que termine un col cylindrique. Il représente un guerrier assis à
terre, adossé à une sphère.
Précolombien. Pérou. Pays Chimus. Deuxième période.

Haut., 220 millim.

258 — Vase céphalomorphe, en poterie noire : tête humaine souriante surmontée d'un col
cylindrique évasé au sommet.
Précolombien. Pérou. Pays Chimus. Deuxième période.

Haut., 210 millim.

259 — Brûle-parfums, en poterie beige, le manche décoré d'une tête humaine.
Précolombien. Pérou. Pays Incas.

Larg., 270 millim.

240 — Vase sphérique, en poterie beige, surmonté d'une anse creuse en étrier que termine
un col cylindrique. Il est orné en rouge d'un décor de dragons.
Précolombien. Pérou. Pays Incas.

Haut., 300 millim.

241 — Vase sphérique, en poterie beige, surmonté d'une anse creuse en étrier que termine
un col cylindrique. Il est orné en rouge, d'un décor d'idoles.
Précolombien. Pérou. Pays Incas.

Haut., 300 millim.

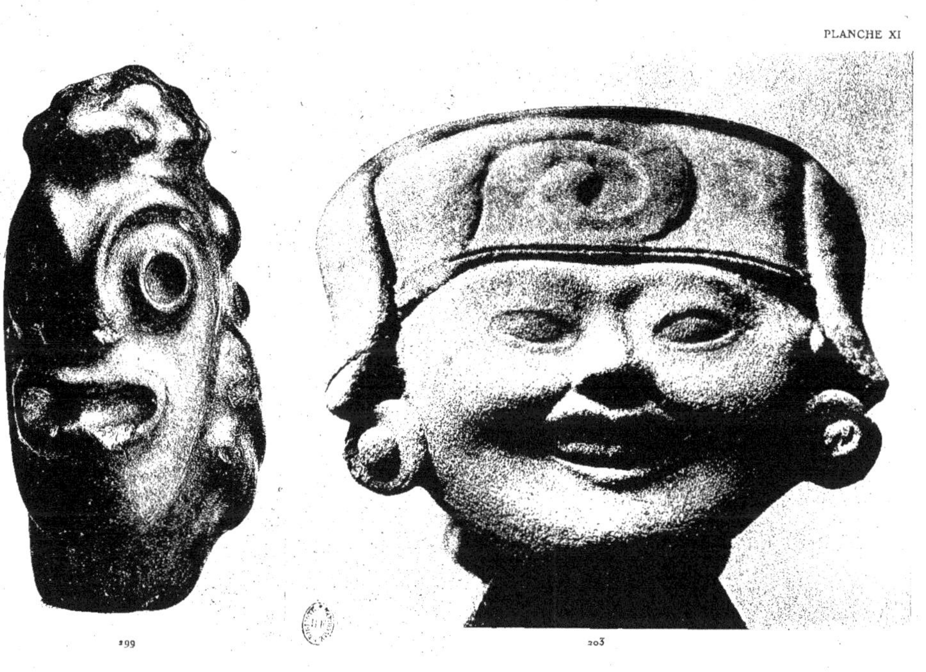

199

203

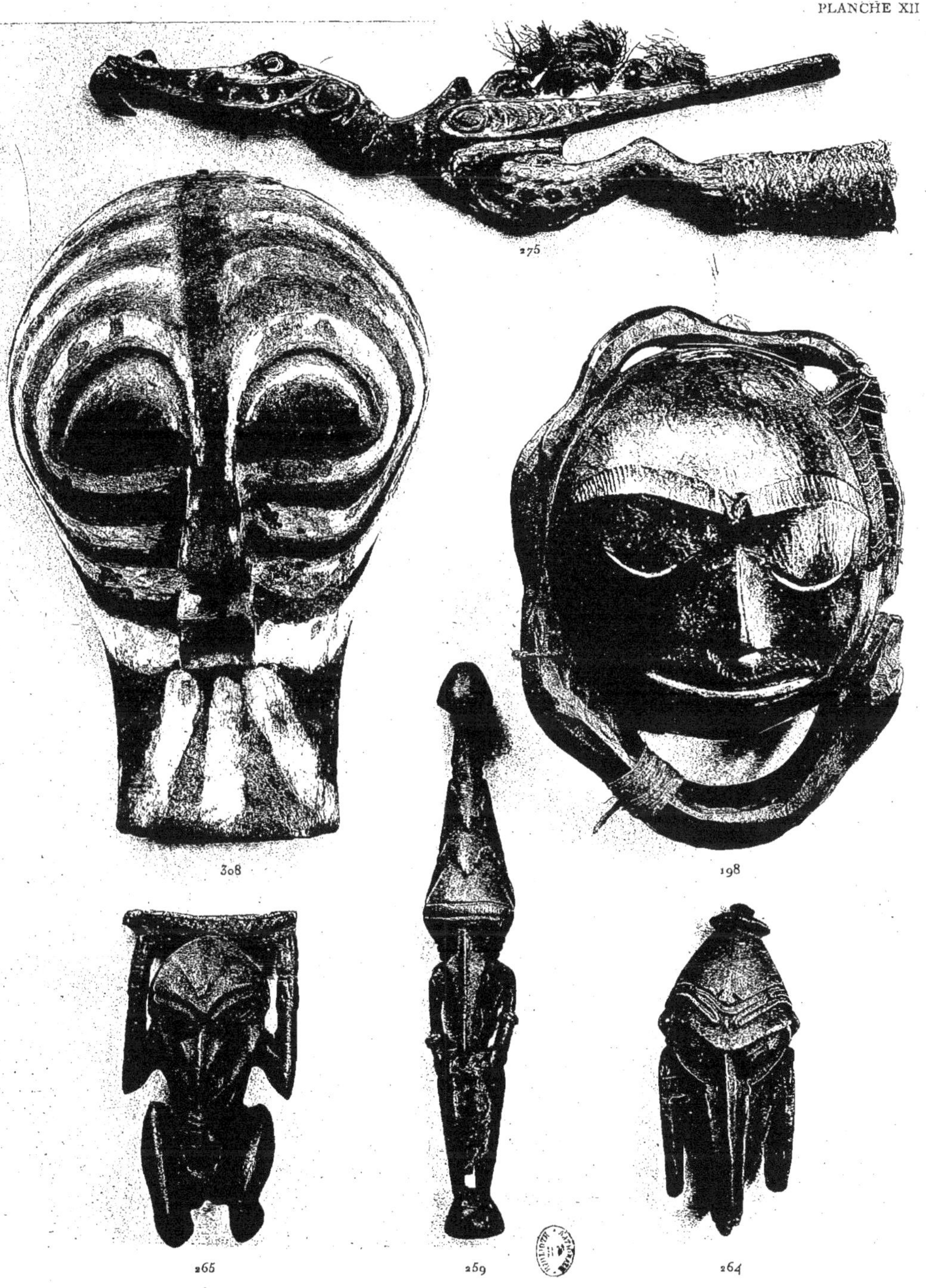

275

308

198

265

259

264

242 — Vase zoomorphe, en poterie rouge, orné en beige et en noir. Il représente une tête d'oiseau.
Précolombien. Pérou. Région de Nazca.
Larg., 100 millim.

245 — Vase cylindrique, en poterie beige, orné de noir, de blanc, de brun et de rouge. Frises à décor scalaire et à décor d'oiseaux.
Précolombien. Pérou. Région de Nazca.
Haut., 180 millim.

244 — Bol évasé, en poterie beige, orné de rouge, de brun, de noir et de blanc. Décor d'idoles.
Précolombien. Pérou. Région de Nazca.
Haut., 100 millim.

244 *bis* — Vase sphérique, surmonté d'un col cylindrique et d'une anse ajourée, en poterie brique, orné de rouge, de beige et de noir. Décor scalaire.
Précolombien. Pérou. Région d'Ica.
Haut., 140 millim.

245 — Vase sphérique, en poterie beige, orné de rouge et de noir, décoré sur le haut de la panse de deux cols, de deux têtes d'animaux et d'un buste de cacique.
Précolombien. Pérou. Région de Recuay.
Haut., 200 millim.

245 *bis* — Vase anthropomorphe, en poterie brique, orné de rouge, de beige et de noir. Il représente un guerrier assis, coiffé d'un haut diadème et décoré aux épaules de deux têtes d'oiseaux. Double col, unis par une anse en pont.
Précolombien. Pérou. Région de Recuay.
Haut., 180 millim.

246 — Petit dard en bois noir, sculpté à son sommet d'un personnage accroupi.
Précolombien. Pérou.
Long., 260 millim.

247 — Fragment de tapisserie monté entre deux verres : tissu polychrome (ocre, beige, noir et vert) à frange, orné d'un décor de singes stylisés.
Précolombien. Pérou.
Long., 420 millim. × 120 millim.

248 — Bandeau de tapisserie monté entre deux verres : tissu polychrome (rouge, vert, blanc et noir) orné d'un décor d'oiseaux stylisés.
Précolombien. Pérou.
900 millim. × 100 millim.

249 — Fragment de tapisserie monté entre deux verres : tissu polychrome (beige, ocre, rouge et noir) orné d'un décor d'oiseaux stylisés.
Précolombien. Pérou.
250 millim. × 200 millim.

250 — Fragment de tapisserie encadré sous verre : tissu polychrome (beige, brun, bleu et rouge) décoré d'une idole.
Précolombien. Pérou.

150 millim. × 120 millim.

251 — Fragment de tapisserie monté entre deux verres : tissu polychrome (blanc, vert et rouge), décoré d'idoles.
Précolombien. Pérou.

210 millim. × 140 millim.

252 — Fragment de tapisserie monté entre deux verres : tissu polychrome (ocre, noir, beige et rouge), orné d'un décor de quadrupèdes.
Précolombien. Pérou.

253 — Fragment de tapisserie monté entre deux verres : tissu polychrome (vert, violet, bleu, ocre et blanc), orné d'un décor à fétiches anthropomorphes et à stylisations florales.
Précolombien. Pérou.

900 millim. × 190 millim.

254 — Fragment de tapisserie monté entre deux verres : tissu polychrome (brun et beige), à décor d'oiseaux stylisés.
Précolombien. Pérou.

900 millim. × 210 millim.

OCÉANIE

255. — Grand masque-coiffure, en osier et moelle végétale, polychromé sur fond rouge, en forme de tête humaine étrangement stylisée.
Nouvelle Poméranie.

Haut , 700 millim.

256. — Masque-ornement, en bois sculpté et polychromé (blanc, rouge et noir), orné de coquillages marins et de dents. Il représente une face allongée, à long nez.
Nouvelle Guinée.

Haut., 500 millim.

257 — Masque en bois sculpté, peint noir, ocre, beige et blanc. Il représente une longue figure humaine stylisée en tête d'oiseau à bec pointu et retombant. Le front est sculpté en haut relief d'un oiseau étalé, la tête basse.
Nouvelle Guinée.

Haut., 500 millim.

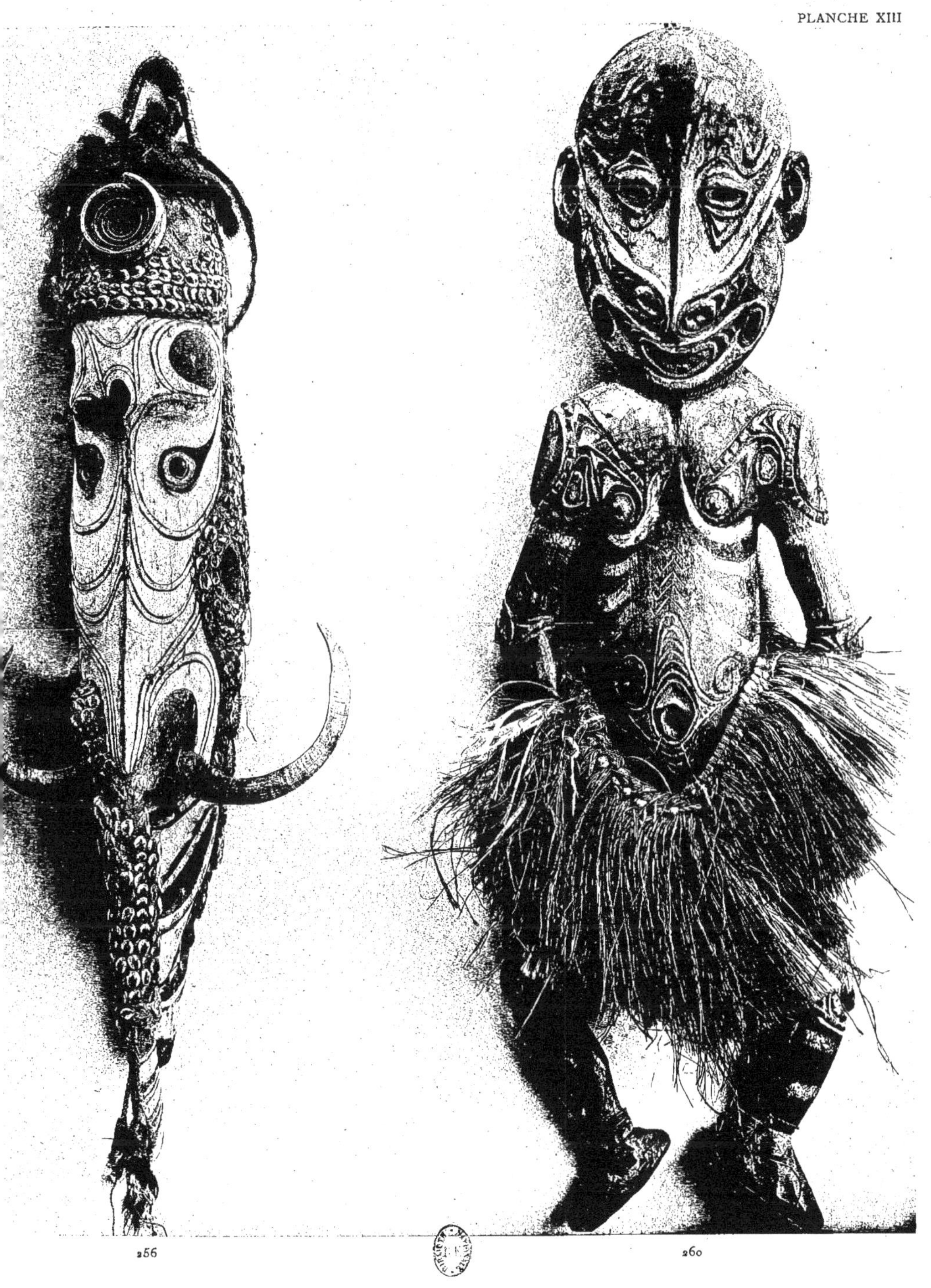

256   260

258 — Masque rituel, en bois, en fibre tressée et en coquillages marins. Il est surmonté
d'un diadème de plumes.
Nouvelle Guinée.

Haut., 450 millim.

258 *bis* — Bâton de magicien, en bois sculpté et peint rouge, blanc et noir : décor d'un
oiseau, d'un crocodile, et d'un buste humain.
Nouvelle Guinée

Long., 400 millim.

259 — Statuette en bois sculpté, teintée ocre. Elle représente une divinité à long nez en bec,
debout, la tête pointue surmontée d'une haute coiffure.
Nouvelle Guinée.

Haut., 230 millim.

260 — Statue d'idole, en bois sculpté et polychromé, représentant un homme debout, les
mains aux hanches.
Nouvelle Guinée. Sepik.

Haut., 600 millim.

260 *bis* — Statue en bois sculpté, à traces de peinture blanche. Elle représente un personnage à longue tête, assis, les jambes pliées, les mains aux genoux.
Nouvelle Guinée.

Haut., 450 millim.

261 — Statue en bois sculpté et polychromé (rouge, blanc et noir), représentant une idole
de la maternité.
Nouvelle Guinée.

Haut., 750 millim.

262 — Grand bouclier en bois, de forme rectangulaire, sculpté en léger relief et polychromé
(rouge, blanc et noir).

Haut., 1 m. 55.

263 — Grand bouclier en bois, de forme ovale allongée, sculpté en léger relief et polychromé
(rouge, blanc et noir). Il est décoré d'une face humaine stylisée.

Haut., 1 m. 40.

263 *bis* — Coupe à fards, en bois sculpté et peint blanc. Elle représente un personnage
stylisé, couché sur le dos.
Nouvelle Guinée.

Larg., 170 millim.

264 — Fétiche en bois sculpté, représentant une idole à tête humaine stylisée, le nez et les
bras s'enroulant en décor ornemental.
Nouvelle Guinée. Région de la rivière Ranon.

Haut., 130 millim.

264 *bis* — Coupe à fards, en bois sculpté et peint blanc et rouge. Le manche est en forme
d'une tête humaine.
Nouvelle Guinée.

Larg., 230 millim.

265 — Statuette en bois sculpté, à traces de peinture rouge, représentant une idole à long nez en bec d'oiseau supportant à bout de bras une coupe ovale.
Nouvelle Guinée. Région de la rivière Ranon.

Haut., 140 millim.

265 *bis* — Coupe à fards, ovale, peinte rouge et blanc, et sculptée d'un décor ornemental.
Nouvelle Guinée.

266 — Statuette en bois sculpté et peint en ocre, représentant une divinité fétiche, à forme humaine, surmontée d'une grande tête en bec d'oiseau.
Nouvelle Guinée.

Haut., 160 millim.

266 *bis* — Statuette-fétiche, en bois sculpté et peint ocre. Divinité anthropomorphe à long nez, les yeux en nacre.
Nouvelle Guinée.

Haut., 250 millim.

267 — Buste en bois sculpté, teinté ocre. Il représente une divinité à tête ovale, les deux bras rigides le long du torse. Les yeux sont incrustés de nacre et le nez est percé d'un ornement en coquille.
Nouvelle Guinée.

Haut., 170 millim.

267 *bis* — Statuette fétiche, en bois sculpté et peint brun. Divinité anthropomorphe à long nez.
Nouvelle Guinée.

Haut., 240 millim.

268 — Statuette en bois sculpté, représentant une divinité tutélaire, debout sur le haut d'un pilon. Elle offre une longue tête ovale, au-dessus d'un ventre proéminent. La coiffure est formée d'une sorte de casque, sculpté d'une tête analogue regardant par derrière.
Nouvelle Guinée.

Haut., 360 millim.

268 *bis* — Petit masque en bois sculpté, peint en rouge.
Nouvelle Guinée.

Haut., 110 millim.

269 — Pilon en bois sculpté, surmonté d'une idole à forme humaine.
Nouvelle Guinée.

Haut., 420 millim.

270 — Oreillers en bois sculpté, le porte-nuque soutenu par deux personnages stylisés.
Nouvelle Guinée hollandaise.

Haut., 200 millim.

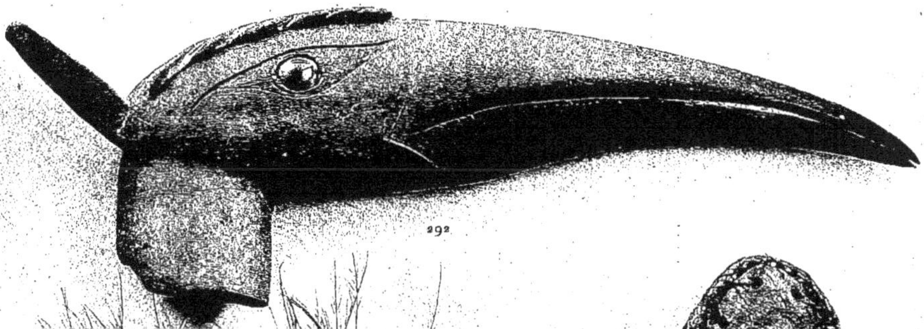

292

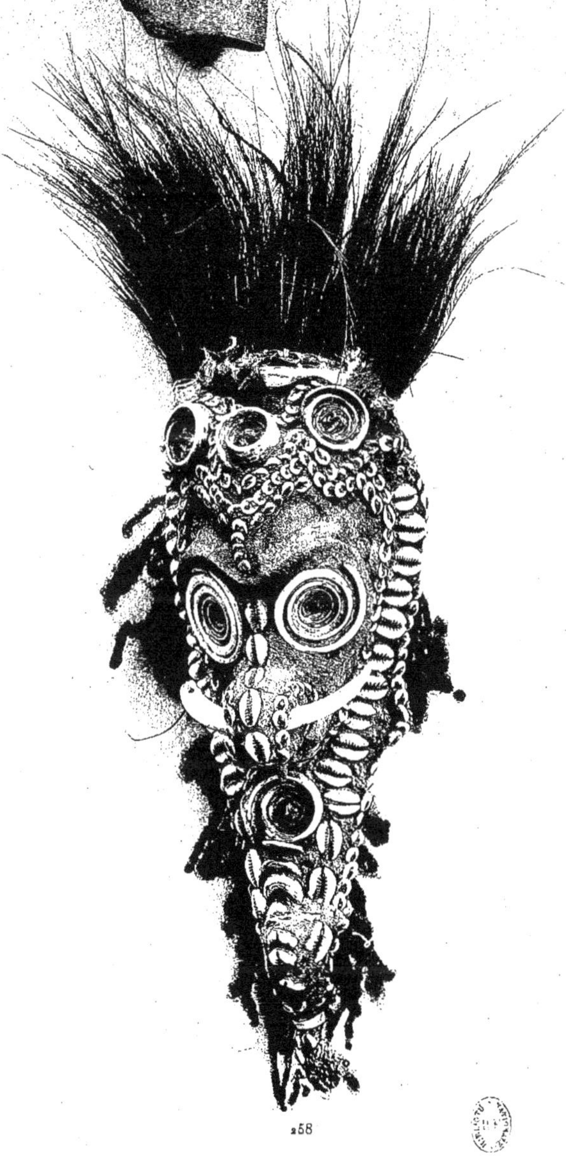

258

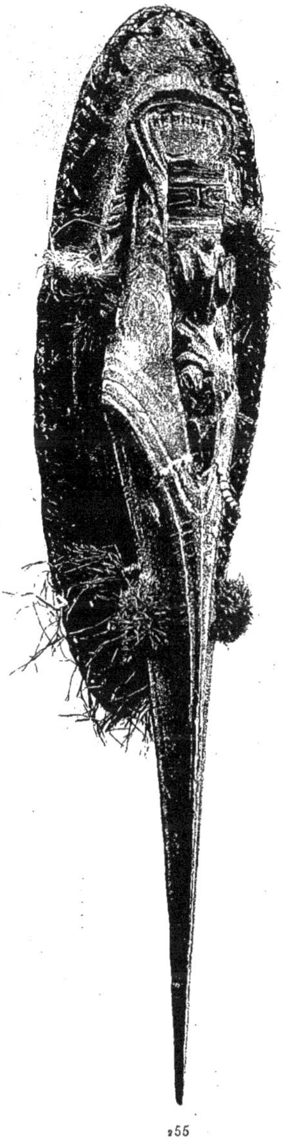

255

271 — Oreiller en bois, sculpté de têtes humaines et d'un crocodile, porté sur des pieds de bambou.
Nouvelle Guinée.

Larg., 330 millim.

271 *bis* — Fétiche plat, en bois sculpté et polychromé (rouge, noir et blanc). Tête stylisée.
Nouvelle Guinée.

Haut., 230 millim.

272 — Oreiller en bois, monté sur quatre pieds cylindriques unis deux à deux par des fibres. Il est sculpté aux extrémités de deux idoles à longue tête et à nez crochu.
Nouvelle Guinée.

Larg., 570 millim.

272 *bis* — Petit masque-fétiche, en bois sculpté et polychromé (rouge, noir et blanc). Il est orné de deux dents de sanglier.
Nouvelle Guinée.

273 — Couteau, le manche en bois incisé et polychromé (rouge, noir et blanc) de décors ornementaux, la lame en obsidienne.
Nouvelle Guinée.

Haut., 200 millim.

274 — Bâton à bétel, en bois, le manche sculpté d'un fétiche anthropomorphe, debout sur une fleur stylisée.
Nouvelle Guinée hollandaise. Région du lac Sentani.

Long., 380 millim.

274 *bis* — Boîte à bétel, en bois sculpté et polychromé (rouge, noir et blanc), représentant un oiseau sur un crocodile.
Nouvelle Guinée.

Long., 650 millim.

275 — Boîte à bétel en bois sculpté et polychromé (rouge, noir et blanc) représentant un oiseau à tête de crocodile.
Nouvelle Guinée.

Long., 330 millim.

275 *bis* — Boîte à bétel, en bois sculpté et polychromé (rouge, noir et blanc), représentant un oiseau sur un crocodile.
Nouvelle Guinée.

Long., 740 millim.

276 — Spatule en bois brun, sculptée de motifs ornementaux.
Nouvelle Guinée.

Long., 400 millim.

276 *bis* — Ornement de ceinture, en bois sculpté et polychromé (rouge, blanc et noir), incrusté de nacre et de coquillages. Décor de trois têtes.
Nouvelle Guinée.

Haut., 280 millim.

277 — Spatule en bois brun, sculptée d'ornements.
Nouvelle Guinée.

Long., 290 millim.

277 *bis* — Ornement de ceinture, en bois sculpté, peint brun et blanc, représentant un homme et un crocodile.
Nouvelle Guinée.

Larg., 340 millim.

278 — Ornement en bois sculpté et polychromé, représentant deux têtes de bêtes stylisées.
Nouvelle Guinée.

Larg., 190 millim.

279 — Ornement ovoïde, en bois sculpté, et orné de gravure à fond blanc : il représente une tête de poisson.
Nouvelle Guinée.

Larg., 90 millim.

279 *bis* — Dard à deux pointes, en bois sculpté et peint ocre. Il est décoré de têtes humaines.
Nouvelle Guinée.

Larg., 480 millim.

280 — Coupelle, taillée dans un bloc de bois, ornée en léger relief, de quatre masques d'idoles.
Nouvelle Guinée. Iles Tami.

Haut., 100 millim.

281 — Oreiller en bois sculpté, le plateau supporté par un personnage stylisé.
Nouvelle Guinée. Iles Tami.

Larg., 150 millim.

282 — Coupe ovale, en bois, montée sur quatre pieds bas et cylindriques, sculptée de deux anses ornementales, à décor enroulé et crêté.
Iles de l'Amirauté.

Larg., 450 millim.

283 — Coupelle en bois, ovale, ornée de deux anses sculptées en forme de têtes de monstres et d'oiseaux.
Iles de l'Amirauté.

Long., 270 millim.

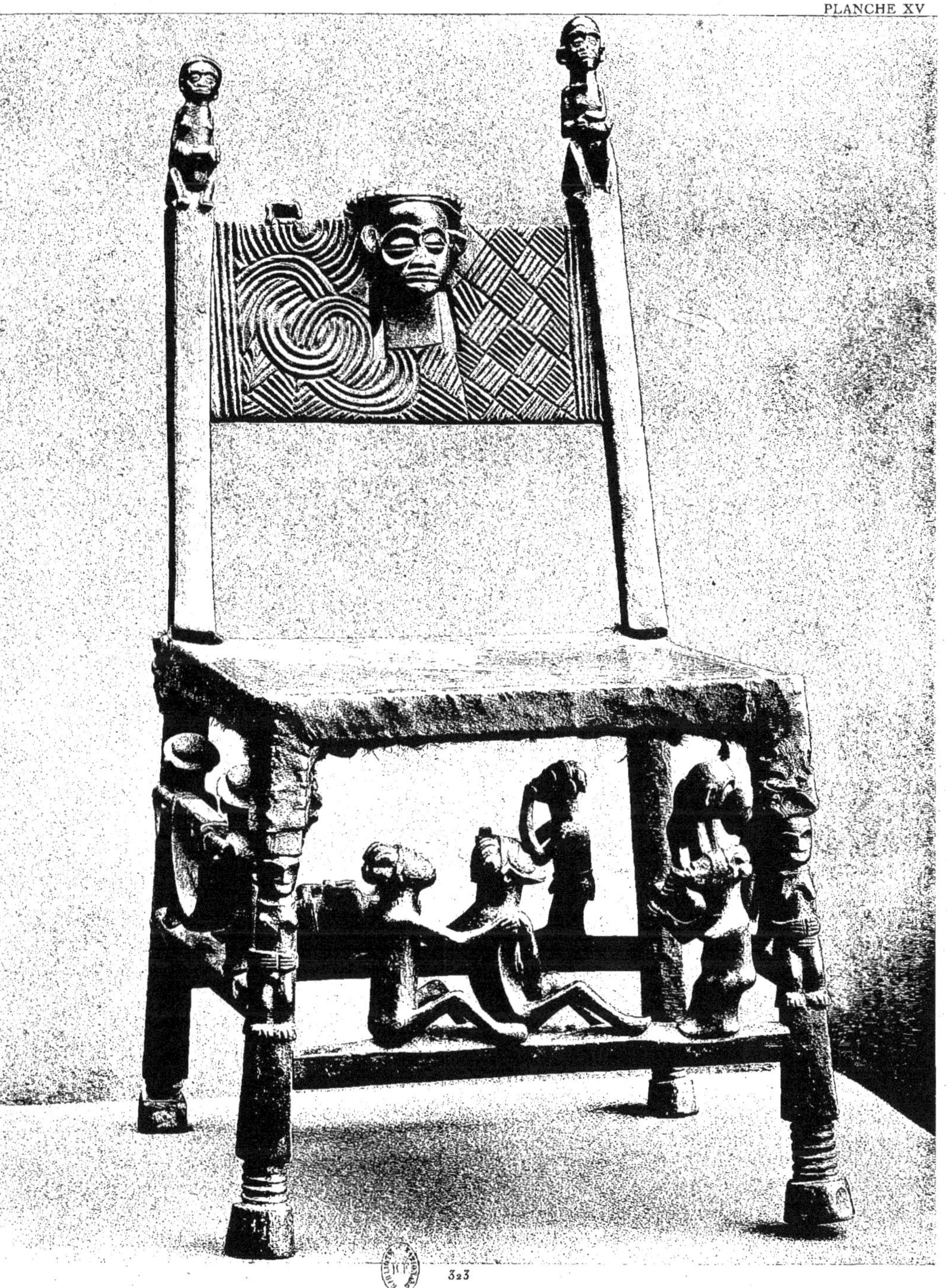

284 — Bâton à bétel, en bois, le manche sculpté d'un fétiche anthropomorphe, debout sur une tête de crocodile.
Iles de l'Amirauté.

Long., 410 millim.

285 — Dard formé de deux os de poisson, montés sur un manche, en bois sculpté de deux fétiches à forme humaine stylisée.
Iles de l'Amirauté.

Long., 550 millim.

286 — Dard en os de poisson, monté sur un manche en bois, sculpté d'une tête de crocodile stylisée.
Iles de l'Amirauté.

Long., 410 millim.

287 — Manche de spatule à bétel, en bois sculpté, orné d'un fétiche à longs bras debout sur un socle.
Iles de l'Amirauté.

Haut., 250 millim.

288 — Coupe ovale, en bois, montée sur quatre pieds bas et cylindriques, sculptée de deux anses en forme d'hommes-salamandres à dos crêté.
Iles de l'Amirauté.

Larg., 360 millim.

289 — Bâton de sorcier, représentant un personnage stylisé, debout, à l'extrémité d'une mâchoire de crocodile.
Iles de l'Amirauté.

Haut., 170 millim.

290 — Statuette rituelle en bois, sculptée d'une grande figure stylisée, surmontée de deux hautes cornes en forme d'ailettes.
Iles Nias.

Haut., 540 millim.

291 — Ornement en bois sculpté et polychromé. Il représente une tête d'oiseau à long bec, les yeux formés de deux opercules de mollusques.
Nouveau Mecklembourg.

Larg., 200 millim.

292 — Ornement en bois sculpté et polychromé. Il représente une tête d'oiseau à très long bec arqué, les yeux formés de deux opercules de mollusques.
Nouveau Mecklembourg.

Larg., 400 millim.

293 — Grande statue en bois sculpté et polychromé (brun, rouge, noir et blanc), représentant Ouli.
Nouveau Mecklembourg.

Haut., 1 m. 35.

294 — Grande coupe en bois ovale, incrustée en nacre, sur le pourtour, d'un décor ornemental et ornée de deux anses sculptées.
Iles Salomon.

Larg., 560 millim.

295 — Ornement de proue, en bois sculpté et incrusté de nacre. Tête humaine stylisée, à longues mâchoires.
Iles Salomon.

Haut., 100 millim.

296 — Ornement de proue, en bois sculpté et incrusté de nacre. Il représente une tête humaine à longues mâchoires, soutenue par des bras allongés, aux mains unies.
Iles Salomon.

Long., 170 millim.

297 — Pipe (fourneau de) en ivoire sculpté, décoré en haut relief d'une suite de « tiki ».
Iles Marquises.

Haut., 50 millim.

297 bis — « Tiki », en néphrite verte. Nouvelle-Zélande.

Haut., 80 millim.

298 — Casse-tête en néphrite verte polie, à poignée stylisée.
Nouvelle-Zélande.

Long., 370 millim.

299 — Tête humaine en pierre dure et polie.
Ile de Pâques.

Haut., 130 millim.

300 — Pierre de hache, en néphrite verte, polie.
Océanie.

Long., 140 millim.

301 — Petit dard en bois noir, sculpté de décors ornementaux.
Océanie.

Larg., 260 millim.

301 bis — Bloc d'obsidienne.
Océanie.

Larg., 140 millim.

302 — Statuette en pierre sculptée, représentant une divinité vêtue d'une longue robe, debout.
Java.

Haut., 300 millim.

302 bis — Manche de kriss malais, en bois brun clair, sculpté d'une divinité.
Java.

Haut., 100 millim.

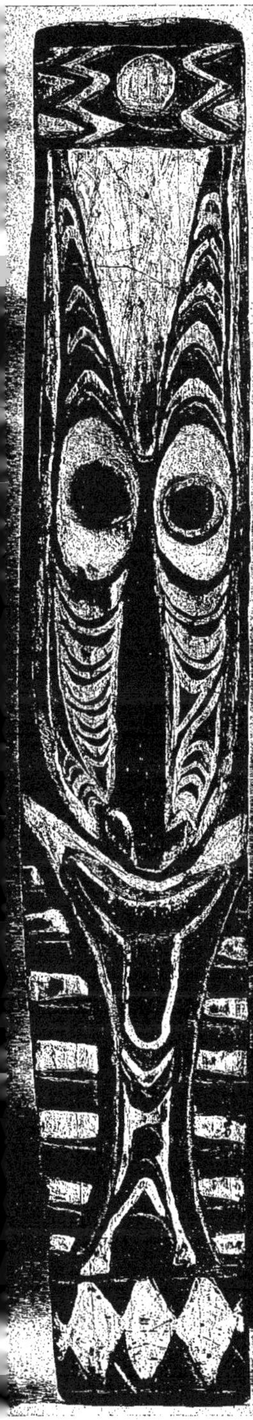

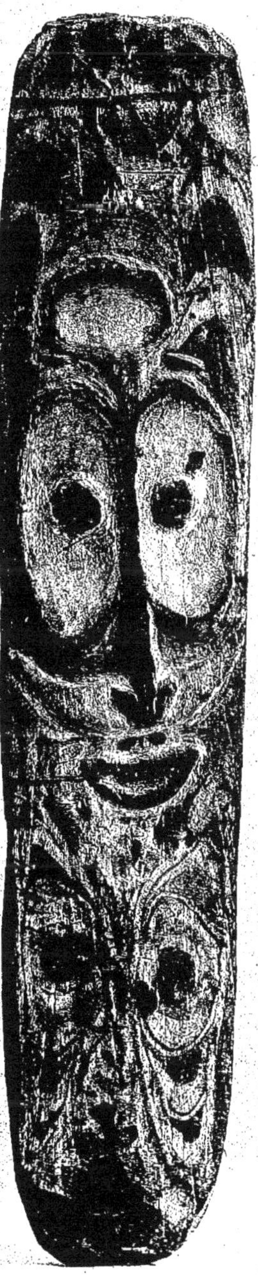

262

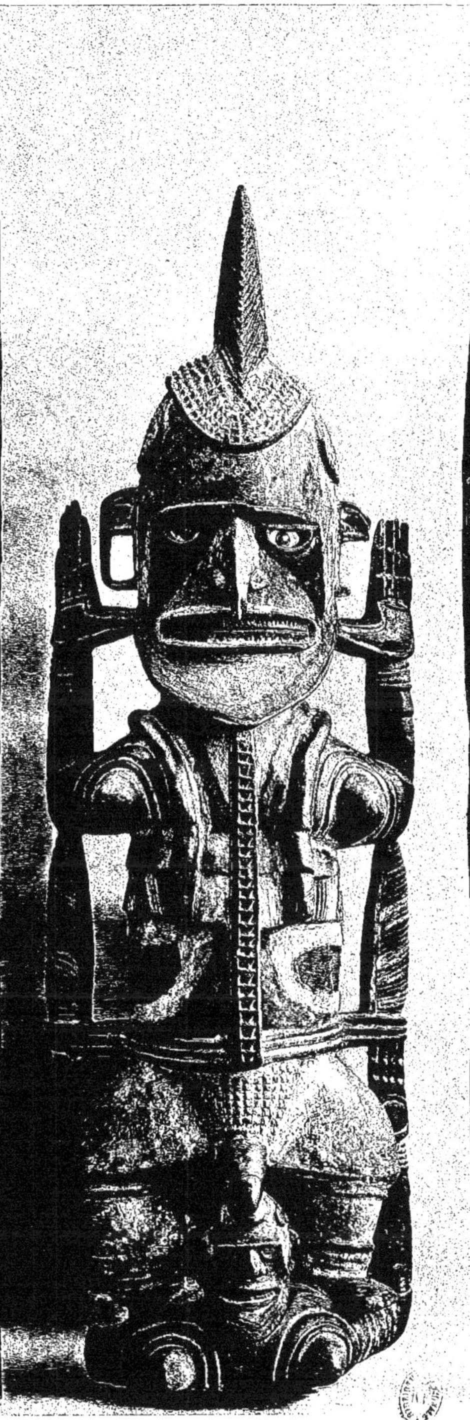

293

263

503 — Kriss à lame droite, le fourreau en bois. La poignée est en bois sculpté de décors ornementaux.
Malaisie.

504 — Kriss à lame droite, le fourreau et la poignée en bois.
Malaisie.

505 — Kriss, à fourreau en corne ornée de clous. Le manche est en corne, sculpté d'une tête d'oiseau.
Malaisie.

505 *bis* — Cuiller en bois sculpté. Le manche est en forme d'un homme debout, coiffé d'un haut cimier.
Iles Philippines.

Haut., 280 millim.

AFRIQUE

506 — Statuette en bois sculpté, représentant une femme accroupie, les coudes aux genoux, les mains soutenant la tête.
Congo.

Haut., 270 millim.

507 — Statuette en bois sculpté, représentant un homme debout, la tête ornée de plumes : fétiche guérisseur.
Congo.

Haut., 250 millim.

508 — Masque en bois sculpté et polychromé (blanc. noir et rouge). Il représente un masque d'homme à barbe carrée, le front bombé, la bouche saillante.

Congo.

Haut., 260 millim.

509 — Masque en bois sculpté et polychromé, de type analogue.
Congo.

Haut., 300 millim.

510 — Statuette-fétiche, en os sculpté, représentant une femme debout, les mains sous les seins.
Congo.

Haut., 120 millim.

511 — Statuette-fétiche de type analogue, en ivoire sculpté.
Congo.

Haut.. 90 millim.

512 — Statuette-fétiche en ivoire sculpté, servant d'amulette protectrice.

Congo.

Haut., 80 millim.

513 — Pendentif en os sculpté. représentant une femme stylisée, de type analogue.
Congo.

Haut., 80 millim.

514 — Pendentif en os sculpté, représentant une femme stylisée et servant de fétiche protecteur.
Congo.

Haut., 70 millim.

515 — Petite tête de femme à haute coiffure, en bois sculpté, le visage tatoué.
Haut Congo.

Haut., 120 millim.

516 — Statue en bois sculpté, représentant une jeune femme, les bras levés, qui porte sur la tête une calebasse.
Congo.

Haut., 360 millim.

517 — Corne d'appel en ivoire sculpté et patiné.
Congo.

Long., 500 millim.

518 — Corne d'appel en ivoire sculpté et patiné.
Congo.

Long., 620 millim.

519 — Tabouret en acajou, à siège rond monté sur trois pieds ajourés et incisé de motifs décoratifs.
Congo.

Haut., 320 millim.

520 — Bâton de commandement en bois, à traces de peinture rouge et blanche, sculpté à une de ses extrémités. de deux personnages superposés, debout. les poings au menton.
Congo.

Haut., 160 millim.

521 — Bouclier octogonal, en bois polychromé. Il est orné de décors géométriques et sculpté en haut relief, d'une tête humaine.
Congo.

Haut., 540 millim.

322 — Coupe en bois, sculptée en forme d'une corne de buffle, et ornée de décors ornementaux.

Pays Bakoubas.

Larg., 300 millim.

323 — Chaise en bois, le siège tendu de cuir. Le dossier, les montants, les pieds et les traverses sont sculptés en haut relief ou en ronde bosse, de têtes humaines, de personnages et de singes.

Kassaï. Région frontière.

Haut., 660 millim.

324 — Masque en bois sculpté et polychromé (blanc, rouge et noir), tête de jeune femme, surmontée d'une coiffure à trois coques.

Cameroun.

Haut., 270 millim.

324 *bis* — Dent d'éléphant, sculptée de décors ornementaux.

Cameroun.

Long., 950 millim.

325 — Vase anthropomorphe, en poterie noire, offrant sur une panse sphérique un col en forme de tête humaine.

Pays Agni.

Haut., 230 millim.

326 — Pipe en poterie noire, représentant un personnage couché sur le dos, embrassant de ses bras et de ses jambes le fourneau et son tuyau.

Région de Bali.

Long., 250 millim.

327 — Statue en bois sculpté, représentant une femme à longue taille, debout, les bras tombants.

Iles Bissagos.

Haut., 460 millim.

328 — Grand plat couvert, hémisphérique, en bois sculpté. Il est porté par quatre statuettes représentant des femmes esclaves, vêtues d'un pagne, et le couvert est sculpté en haut relief d'un chien couché.

Iles Bissagos.

Long., 500 millim.

329 — Double oreiller en bois sculpté, orné de décors géométriques.

Iles Bissagos.

Larg., 420 millim.

330 — Cuillère spatulée, en bois sculpté.

Iles Bissagos.

Larg., 170 millim.

531 — Grande cuillère en bois, le manche décoré de motifs géométriques, l'extrémité en
forme d'une tête de buffle.
Iles Bissagos.

Larg., 400 millim.

DIVERS

532 — Petite statuette grecque en terre cuite : jeune garçon, le bas du corps nu, le buste et
la tête encapuchonnés dans une volumineuse draperie. — Petite statuette égyptienne en
terre émaillée (incomplète). Thouéris, debout.
Ensemble : deux pièces.

533 — OEnochoé, en bronze, à panse piriforme; déversoir à bec. Motifs feuillagés et plaque
d'attache en forme de mascaron.
Art étrusque.

534 — Deux fragments de tapisseries coptes tissées en couleurs, à décor de personnages.

535 — Fragment de bas-relief, en pierre calcaire, rehaussé de couleurs : personnage debout
marchant vers la gauche.
Égypte. — IV⁰ à V⁰ dynastie.

536 à 538 — Lots omis au présent catalogue.

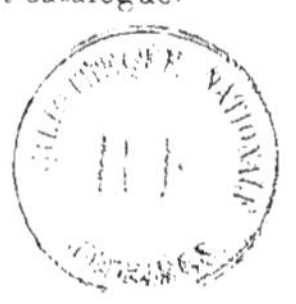